敏感すぎるあなたが7日間で自己肯定感をあげる方法

高敏感
卻不受傷的
七日練習

強化心理韌性，做個對外圓融溫柔，內在強大堅定的人

根本裕幸—著 葉廷昭—譯

CONTENTS

DAY 2

深入了解自己，回顧你的青春期——049

DAY 3

探索敏感的原因，回顧過去的家庭關係——077

DAY 4

CONTENTS

DAY 7

作者序

只要七天，把長久以來的敏感劣勢轉化成優勢

「被別人討厭怎麼辦？」

「無法滿足別人的期待怎麼辦？」

二十多年前，我整天煩惱這些問題，看著別人的臉色惶恐度日。

當時我才剛從大學畢業踏進社會，現在回想起來，我從學生時代就一直在扮演乖寶寶，連求職的時候也不例外。錄取後公司對我寄予厚望，把我安排到跟其他新人不一樣的單位，一下子就交給我重責大任。

不過，工作了好幾個月，我始終無法適應職場的環境。眼看前輩們輕輕鬆鬆就能完成的工作，我卻不管花多少時間都做不好，內心越來越焦急。

正因為明白公司對我寄予厚望，所以我很害怕自己的評價一落千丈。我總是顧慮別人，把同事和上司的意願擺在第一位，拚命鞭策自己努力工作。

久而久之，我滿腦子都想著不能給大家添麻煩，一定要獲得上司和同事的認可。

其實仔細想想就會發現，剛加入公司第一年的菜鳥還不適應職場文化，拿不出成果也是常有的事情。不過，我卻責備自己為何如此無能，繼續咬牙硬撐下去。

結果，我再也不敢去上班了。

犧牲了心靈，我才發現自己有多麼疲憊不堪。

無法滿足周遭人們的期待，我除了感到羞愧之外，就連看到同事也令我倍感痛苦。我到現在都還記得，當初自己厭倦了工作和人際關係，每天懷抱著屈辱的心情窩在家裡。

於是我接受了心理諮詢，體驗到自我療癒是怎麼一回事。

從那之後，過了將近二十年的歲月。

現在我已經成為一位獨立開業的心理諮詢師，十七年來探究了一萬五千多人的心靈。

過去總是膽戰心驚的我，如今生龍活虎的過著充實生活。

我走遍全國各地開設座談會，每天在心理諮詢的過程中與人談話是我最大的樂趣。

以前我終日過著犧牲自我、忐忑不安的生活，所以這本書是寫給跟我有同樣問題的人。如果你：

- 老是看別人的臉色，膽戰心驚地過日子。
- 很在意別人的評價。
- 很在意別人對自己的看法，從來不敢暢所欲言表達意見。
- 害怕被別人討厭，拒絕不了別人的請託。
- 和別人見面之後總覺得很疲憊。
- 被別人要求表示意見，腦袋卻一片空白。

那麼，你就屬於和我同一類的人。

在本書中，我稱呼這樣的人為「高敏感人」。

以自我本位活下去

為什麼以前高敏感的我，現在可以每天過得充滿活力，還能從事自己喜歡的事情來維持生計？過去厭惡工作和人際關係的我，為什麼現在樂於與人接觸，積極前往全國各地工作？

原因是，我習得心理學知識，透過心理諮詢的技術瞭解到一個道理。我領悟到，「應該要以自我本位來思考，而不是以他人本位」的道理。

所謂的「他人本位」，是指按照別人的想法或價值觀來決定自己的言行舉止。每個人的價值觀和想法都不一樣，沒有人的想法是完全相同的。當你以他人為本，就必須去配合各式各樣的價值觀，也難怪會累得暈頭轉向了。

相反的，「自我本位」是指順從自己內心的渴望。那是一種活出自我，又不必犧牲、委屈心靈的生活方式。

該怎麼做才能以自我為本，便是本書的主旨。

提升自我肯定感

本書的另一大主旨是——自我肯定感。

所謂自我肯定感，是指接納最真實的自己。提升自我肯定感，內心就會多一分從容。有了這一分從容，人們才會產生自信。

「自我肯定感」和「以自我為本」宛如車子的前後輪一般，想要活出自我，你必須提升自我肯定感，並以自我本位的思維採取行動。

只要建構出自我本位的思維，也就形同在提升自我肯定感。而提升自我肯定感，也同時是在建構自我本位的思維。

本書教導高敏感族群，應該如何同時掌握「自我肯定感」還有「自我本位的思維」，幫助你在七日內活出自我。

這七日過程，是我二十年來歷經學習並實踐的知識，也是我從事諮詢時，教導客戶的技術精華。

也許有些讀者會懷疑，真的能在七日之內達成這樣的目標嗎？我反倒認為，正因為是短短七日，才有可能改變一切。

不知道各位有沒有為了準備考試而去參加補習班的暑期輔導課？補習班的暑期輔導，一定會規劃不同主題、不同領域的密集課程。例如：數學科有微積分，英文科有作文解讀，生物科有遺傳等等。這些都是令許多人感到棘手，卻不得不準備的考試內容，於是補習班便專門開設強化這一方面技能的課程。

在暑假期間短時間集中學習，努力克服自己不擅長的科目，開學後讀起書來才會事半功倍，順利考取心目中的第一志願。

現代人要活出自我，絕對少不了「自我肯定感」和「自我本位」。尤其是網路社群普及後，人與人之間的聯繫變得容易，人們變得一天二十四小時都很在意別人的目光。我們一邊開心獲得別人按讚和追蹤，另一邊也害怕按讚和追蹤的數量減少。有越來越多人迷失自我，或是煩惱自己沒有真

網路社群普及後，
我們無時無刻都很在意他人的目光……

正的好朋友。

從小就會使用網路的人，一遇到問題便習慣上網搜尋答案，看看別人的意見或標準解答，於是有不少人根本沒有自己的意見。

我從事心理諮詢已經十七年，發覺近年來「高敏感的求診患者」有增加的趨勢。

請用參加暑期輔導的心態，集中心力面對自己的心靈，掌握「自我肯定感」和「自我本位的思維」吧。

希望大家讀完本書以後，都能過著充實又活出自我的生活。

接下來要先介紹這七日的內容概要，整體流程圖如第19頁所示，以下則是在七日內提升自我肯定感的步驟。

【第一日】

首先，在第一到第三日要把注意力轉移至自己身上。因為高敏感人的注意力往往都放在別人身上，為了掌握自我本位的思維，必須先將注意力轉移到自己身上才行。

尤其第一日要先專注在「當下的自己」。你必須客觀認清當下的自己，才能掌握自我本位的思維，提升自我肯定感。重點是只要感受當下的自己就好。

請專心感受你自己，感受自己缺乏自我本位，以及一直害怕得罪人的毛病。

【第二日‧第三日】

在第二和第三日，我們將回顧過去。

你會成為一個高敏感人，代表過去一定發生過什麼事情。根據我十七年以來的心理諮詢經驗，我會在第二日，帶各位回顧以往的校園生活。然後在第三日回顧自己的家庭關係，畢竟家庭關係是培養人際關係的基礎。本書將從這兩個方面來找出原因。

【第四日】

進入第四日，將針對自我肯定感進行詳細解說。

第一日到第三日，我們先把注意力集中到自己身上。然後在第四日提升自我肯定感，以確立自我本位的思維。

這時沒必要苛責或否定自己，也不用跟別人比較，只要學習如何活出自我就好。

【第五日】

我們在第四日確立了自我本位的思維，進入第五日後將具體說明，如何運用這種思維與人相處。

第五日的主旨是包容。要以自我本位的思維與人相處，你必須先學會包容使自己變得高敏感的原因。

【第六日】

第六日我要告訴各位，如何將高敏感特質轉換成你的武器，並且打造出正向的人際關係。

我們在第五日學會包容，原諒了害自己變得高敏感的原因，也學習自我本位的處世法。接下來，在第六日要把敏感變成你的強項，創造出富有建設性的人際關係。

高敏感人通常覺得自己不擅長處理人際關係，其實只要好好活用敏感的特質，待人處事反而會成為你的強項。

【第七日】

當一個人在一段關係中品嚐到充實感，就會開始積極發展人際關係，進而萌生自我實現的欲望，追求自己真正想做的事情。

然而，即使擁有自我本位的思維和自我肯定感，也不能保證你的生活不會出問題。

第七日我將傳授各位「面對問題（煩惱）的觀念」，幫助你保持高度的自我肯定感，實現自己真正想做的事情。我會教導你應該如何面對問題和煩惱，就算是今後遇到問題也能活出自我。

以上就是這七日的練習步驟。

也許，現在的人際關係令你感到不堪其擾。

你可能受不了自己的高敏感，做什麼事都缺乏自信。

然而在經過這七日的練習之後，你將會接納真正的自己，把敏感的特質轉化成強項，活出自信又充實的人生——請在腦海中想像這樣的自己，繼續閱讀本書吧。

七日內提升自我肯定感的方法

第一日 將注意力放在當下的自己身上。

↓

第二日 回顧過去的自己。

↓

第三日 回顧過去的家庭關係。

↓

第四日 提升自我肯定感。

↓

第五日 以自己的步調建立正向人際關係。

↓

第六日 將敏感特質轉變成優點。

↓

第七日 實踐自己真正想做的事情。

從一個敏感的人，
蛻變成勇於活出自我的人！

DAY 1

自我本位的練習，集中注意力在當下的自己

假如上司、家人、戀人、朋友詢問你的意願，
你能明確表達自己的想法嗎？

1 你是否總是很在意別人的臉色？

請先關注當下的自己就好

高敏感的你，第一日請先把注意力轉移到自己身上，接下來才有辦法活出自我。

我知道，一定會有人這麼想：「我很不擅長處理人際關係，請直接教我改善人際關係的實用祕訣吧！」

不可否認地，的確有一些應用心理學的祕訣和技巧，能讓溝通變得更加圓滑。只不過，即使學會旁枝末節的溝通技巧，也無法消除你內心的陰霾。

高敏感人總是在意別人的臉色，把別人的意見與評價看得比自己的意願更重要。

不但一言一行都太在意別人的看法，甚至過度在意別人給自己的評價。

這也是高敏感人不擅長處理人際關係的一大原因，光靠膚淺的技巧是無法解決根本問題的。

換句話說，高敏感人的言行基準是「別人」，而不是「自己」。

這世上每個人都有不一樣的價值觀和想法，我們不可能只跟價值觀相近的人相處。

高敏感人由於生性纖細，所以會想迎合別人的意願。縱使迎合本身不是壞事，但若是不具有「自我本位」的話，就會被觀念不同的「外人」給耍得團團轉，弄得身心俱疲。因此，高敏感人要活出自我，首先要學會將注意力集中到自己身上。

在本章我會提出一些問題，讓各位轉移注意力到自己身上，並且解說高敏感人的心理狀態是怎麼一回事。

我也會透過實例告訴大家，若是不改變以他人為本的生活方式，在日常生活中會遭遇到什麼樣的煩惱和問題。

請在自己的心中一邊回答那些問題，一邊閱讀本書。而在閱讀的過程中，你可能會發現自己確實被別人牽著鼻子走，或是完全符合書中所描述的狀態。請好好感受這些腦海中浮現的想法。

有一點要特別留意的是，不要因為發覺自己被別人影響，就下定決心避免再受影響。你只要單純去體會那份感受就好。

我不是教你非得怎麼做不可，而是要你去感受自己的太過敏感。

如此一來，你就能接受最真實的自己了。

第一日的訣竅

自我反思，
感受自己的狀態就好。

2 當別人詢問你的意願，你是否不曉得該如何回答？

永遠不敢表示自己的意見，只會尋思一些不得罪人的答案

首先要請教各位一個問題：「你現在能活出多少自我？」

突然被問到這個問題，可能絕大多數的人根本都還搞不清楚什麼是「活出自我」吧？那我再問下一個問題。

「假設上司詢問你的意見，或是問你今後的行事方針，你有辦法給出明確的答覆嗎？」

高敏感人總是很在意別人的臉色。尤其在職場當中，他們無時無刻都在擔心上司、前輩、同事、晚輩對自己的看法。

例如，在開會或簡報時，他們總是擔心：

- 萬一我出錯了怎麼辦？（會不會被當成一個無能的人……）
- 萬一被否定了怎麼辦？（會不會被當成一個缺乏理解力的人……）
- 萬一遇到我不會回答的問題怎麼辦？（答不出來會不會被大家討厭啊……）

諸如此類的不安會侵襲他們，並且產生不必要的壓力。

高敏感人不擅長表達自己的想法，因為過於在意正確答案是什麼，或總是在心裡推敲別人想聽到的答案，所以他們會去尋找一些不得罪人的說法。

結果在會議上被問到自己的想法，下場只能用悲劇來形容。因為這時他們的腦袋通常一片空白，什麼答案也說不出來。

這就是缺乏自我本位，以他人為本的狀態，稱不上「活出自我」。

看到朋友在社群網路的貼文，心情就會變得很沉重

如果你總是在意別人的目光，在會議上光說一些不得罪人的意見，極力避免擾亂職場的和諧氣氛，那麼當你結束一天的工作離開公司，絕對會產生一股強烈的倦怠感。搞不好你一回到家就直接躺在床上，連飯都懶得吃。

回家上網看到朋友開心的模樣，你的心情就會變得更沉重。你也知道不要去看就沒事了，卻還是忍不住確認他們的動態。

接著，你會落寞地責備自己，不曉得自己到底在搞什麼東西。你不懂自己為何會有這麼負面的心情，明明那些朋友的貼文並沒有惡意。

為什麼現代人看到網路社群上的貼文，會產生疲憊和負面的心情呢？

這也是以他人為本所引發的現象。

在開會時被點到，腦袋卻一片空白……

3 你是否總是習慣否定自我？

否定自我無法擺脫負面的思維

以他人為本的人，會不自覺地養成與他人比較的習慣。比方說，他們會在心裡想著：「跟那個人相比，我實在是……。」然後，他們會放大自己的缺點，不斷地否定自我，陷入消極的情緒之中。例如，懊惱自己沒有別人的才能，或是想要效法別人的優點。

前面也提過，有些人看到朋友的網路貼文會感到失落。而這種現象，便是拿自己的生活和朋友比較所導致。

當你習慣跟別人比較，動輒否定自我，你就再也擺脫不了負面的思維，對自己的厭惡感也會越來越強烈。例如：

- 我討厭整天顧慮別人，把自己搞得疲憊不堪，也沒辦法原諒自己隨波逐流，不敢活出自我。
- 我已經不是新人了，為什麼一直無法自立自強，拿出成果呢？我好討厭這樣的自己……。
- 我找不到真正想做的事情，也缺乏自我。我知道我沒有活出自己的人生，卻不敢付諸行動去改變……。

高敏感人容易感到失落、空虛，就是因為習慣跟別人比較的關係。持續否定自我，你就會越來越討厭自己。當你拿自己討厭的部分去跟別人的優點比，厭惡感更是有增無減，然後永遠擺脫不了負面的惡性循環。

「非做某件事不可」是以他人為本的思維

我在進行心理諮詢時，總有人會問我這樣的問題：「有件事情我非做不可，但是我卻辦不到。請問我該怎麼辦才好？」

這也是以他人為本，缺乏自我本位的思考方式。

所謂的「非做某件事不可」，是站在社會大眾的角度思考，這就是以他人為本的思維。

例如，有些人會苛責自己已經不是菜鳥新人了，卻沒有辦法自立自強，在職場上做出成果。這種煩惱是受制於「社會人士的平均印象」，他們認為小有資歷就該自立自強，辦不到的人未免太過沒用、無能。

此外，我還聽過這樣的煩惱：

- 我應該更冷靜才對，但我總是忍不住激動地破口大罵。
- 我應該好好表達自己的意見，可惜每次都講得七零八落，就是沒辦法順利統整。

● 這點小事不懂怎麼行呢？偏偏我就是完全無法理解啊。
● 一般人早就結婚生子了，我卻始終找不到對象。

擁有類似上述煩惱的人，似乎還不在少數。

「我應該要冷靜、口條好、理解力強、早點結婚生子」，這樣的思維正是他們煩惱的源頭，當中完全沒有自己的意願。

高敏感人會以他人為本，去想像自己該有的樣貌。一旦自己不符合內心所想，他們就會開始責備自己。

4 你是否不曉得自己真正喜歡什麼？

太過重視別人的意見和意願所產生的現象

誠如前文所述，有些人在開會時不懂得該如何表達自己的意見。太執著於找出正確解答，是以他人為本的人常見的特徵。他們習慣向外追尋答案，而不是反問自己的心。

這種人前來接受心理諮詢，被問到自己的意願時也會不知所措。他們只會說出司空見慣的答案，也就是自己應該怎麼做，而不是自己想怎麼做。當我問他們真正的意願和想做的事情時，他們就會保持沉默，答不出個所以然來。

另外也有不少人表示，他們根本不知道自己到底喜歡什麼。從其他人身上追求正確答案的生活方式，說穿了就是扼殺自己感情的生活方式，到頭來，連自己喜歡什麼都搞不清楚。

照理來說，我們在情場上應該尊重自己的感情與意志。但有些人一談起戀愛便完全忽視自己的感情，他們為了讓對方喜歡自己，所以寧可犧牲自己的意志。只不過當你養成以他人為本的生活習性，原本自由的戀愛就會變成不自由的束縛了。

突如其來的虛無感所代表的意義是？

長期以他人為本，難免會產生一種「自己究竟為了什麼而活」的疑問。好比我們聽到朋友結婚、升遷、同輩出人頭地或親友去世的消息時，就會感嘆自己怎麼一直在蹉跎光陰，陷入一種難以言喻的自責心境中。

實際上，當你開始反思自己為何一直在蹉跎光陰，你的注意力就轉移到自己身上了。反過來說，你會一時醒悟地把注意力轉移到自己身上，代表你的確平時都將注意力放在別人身上。

如果你平時就秉持自我本位的思維，聽到朋友結婚的話題，應該不至於意志消沉地反省、檢討起自我。

你真的沒有「自我」嗎？

許多參加心理諮詢和座談會的人，都是發覺自己迷失了方向，才不得已地抱著尋求指引的心態前來求助。這些人被虛無和無力感打垮，不知道自己究竟為何而活。通常我會建議他們，最好重新找回自我。

大多數人聽到我的建議，都是露出一臉不解的表情。他們會說：「請問什麼叫找回自我？我根本就沒有自我啊！你說人生只有一次，應該做自己喜歡的事情，積極表達自我主張。問題是，我並沒有想要從事一輩子的遠大志業。不過若是你叫我維持現狀，我又會感到很不安。」

我從事心理諮詢十七年，發現近年來「沒有自我」的人有增加的趨勢。然而，這些人是真的沒有自我嗎？

我想請各位思考一個問題。

大家都經歷過嗷嗷待哺的嬰兒時期。那麼，你可曾聽人說過嬰兒沒有自我？當然沒有對吧。

你可能會想，嬰兒又不會說話要怎麼表達意見啊？但是嬰兒會用語言以外的方式，盡情表達自己的主張。

換句話說，那些高敏感人在以前也確實表達過自己的意願和主張，每個人都曾經對自己的生活充滿期待。只可惜到了人生的某個階段，卻開始壓抑、扼殺自己的心情，以別人的心情為重。

消除這種壞習慣，重新找回原本的自己，就是我們在這七日內要一起達成的目標。

以自我本位的方式生活，人生將徹底改頭換面

所謂的「找回自我」，意思是以自我本位的方式生活，不再以他人為

主。當你以自我本位的方式生活，就會覺得每天充滿活力，產生想要一展抱負的衝勁。你會躍躍欲試，並實際採取行動。舉目所及都是活潑明亮的色彩，食物的味道也變得比以往更加鮮明。

曾有一位前來參加座談會的女性，她發現自己喜歡大海，想住在大海旁邊，於是從東京搬到了湘南海岸附近。雖然上班通勤的時間比較長，但是她找回活出自我的充實感受，整個人的外觀和氣息也變得不一樣了。不久之後，她交到男朋友，參加座談會後不到一年就結婚了。

找回真正的自我，人生也會徹底改頭換面。

5 你是否整天都在思考要如何討好別人？

為什麼你老是窮緊張？

高敏感人常有這樣的煩惱：「明明都還沒有開始採取行動，我卻一味窮緊張，這樣真的好累……。」

從心理學的角度來分析「窮緊張」這件事，你會發現原因出自於恐懼。例如：害怕惹人厭、害怕犯錯、害怕失敗、害怕被嘲弄、害怕自己派不上用場、害怕自己無法滿足別人的期待與害怕讓別人失望等等，這些恐懼就是窮緊張的根源。

高敏感人為了逃避這些恐懼，會思考究竟該怎麼做才好。

然而，這些恐懼都源自於人際關係。正因為我們無法完全控制別人的反應，所以無論怎麼思考都無法消除恐懼，才會焦慮到身心俱疲的地步。

思考解決方案並不是一件壞事。為公司或工作盡心盡力，幫助有困難的人，這些都是一個社會人士不可或缺的情操。不過，當你一旦開始思考要如何討好別人，你就會被別人牽著鼻子走，整天過著膽戰心驚的疲倦生活。

動不動就煩惱該如何是好的人，請先意識到自己究竟在恐懼些什麼吧。

你是否認為只要自己忍耐就沒事了？

越是以他人為本，不安與恐懼就越強烈，討好別人成了行動的唯一準則。不安與恐懼會剝奪我們的自由，使我們的言行畏首畏尾。

尤其是在大家眼中溫柔、嚴謹、與世無爭的人，特別容易產生這樣的不安與恐懼。

個性溫柔、嚴謹、與世無爭的人，其實是害怕給別人添麻煩，因此不敢表現出自己軟弱的一面。他們會為了避免爭執而凡事忍讓，或是刻意擔任折衝的角色，扼殺自己的意見。

這些行為都出自於「只要自己忍耐就好」的想法。性格溫柔嚴謹，不以自我為本的人常抱持著這樣的思考方式。

6 你是否動不動就責備自己？

罪惡感會持續傷害自己

在各種感情之中，罪惡感最容易傷害到自己。

當你習慣從別人的角度去判斷事情，拿別人來跟自己比較，你就會產生一種妄自菲薄的心態。持續這樣下去，你會認為自己不是什麼好東西，受懲罰也是理所當然，然後做出傷害自己的行為。

罪惡感會使得人們不斷衍生出傷害自己的思考模式和行為模式。例如：不經意地迴避自己真正想擔任的職務，或是在活躍的領域，會刻意去做一些無法樂在其中的痛苦工作。

除了主動追求困難的工作以外，這類型的人還會欣然接受痛苦。好比讓自己置身在不和諧的人際關係之中，面對刁難自己的上司或不聽話的部下。

為了懲罰自己，他們會把所有的煩惱都往肚裡吞。若是遇到問題也都以為是自己的錯，試圖一個人扛下所有責任。他們不懂得依賴別人，獨自承攬各項業務，直到不堪負荷的地步。

懷有罪惡感的人談戀愛，會不經意地選擇無法修成正果的對象

內心懷有罪惡感的人，會在談戀愛時，不經意地傾向選擇無法帶給自己幸福的對象。

他們會喜歡上本身就有問題的對象，努力去幫助那些人。他們會滿足對方的一切要求，以犧牲奉獻的態度拯救對方，最後把自己燃燒怠盡。

然後這種心有餘而力不足的狀況，會再度成為自我否定的理由，加深他們內心的罪惡感，朝向萬劫不復的方向發展。

像這樣一直選擇需要幫助的對象交往，我們稱之為「救世主症候群」。

罪惡感會讓你遠離重視的人

另一方面，罪惡感還會讓你遠離自己真正重視的對象。原因是，罪惡感會讓你以為自己是有害的存在。如此一來，你很有可能會做出背叛戀人或親朋好友的行為。

於是你就像一個害怕被捕的逃犯，只能惶恐地構築人際關係。把自己當成罪人，心靈再也無法休養生息。

像這樣害怕自己的「罪孽」曝光的人，會拚命去討好別人，非常在意別人對自己的評價。

此外，他們也會刻意選擇去做痛苦的事情，來償還自己的罪孽。所以再怎麼努力工作，也永遠無法得到幸福。

不允許自己擺脫痛苦

曾有一個罪惡感強烈的人來找我做心理諮詢。他的工作能力很強，上司經常指定他參與高難度的專案。

他說：「我想，再也沒有比現在更差的工作環境了。人際關係紛亂不說，在期限內交不出成品還會被客戶罵到臭頭。而且，我莫名其妙被扣上專案負責人的帽子，所有的客訴都是我在處理。明明不是我的錯，我也有諸多不滿，不過這畢竟是我不得不做的工作，所以只好盡力滿足對方提出的不合理要求了。」

他總是一臉疲倦的模樣，別人勸他休息，他也只是默默拒絕這份好意。

實際上，他是利用現狀來懲罰自己。

看到這句「利用現狀來懲罰自己」，也許各位會感到疑惑。簡單來說，是指一個人的罪惡感會衍生出傷害自己的情形。所以即便工作環境讓他覺得很痛苦，他也不允許自己辭職不幹。

我使用本書的方法，用七日的時間讓他把注意力轉移到自己身上，學習慢慢包容自己和喜愛自己。

後來，他被公司的客戶挖角，得到了一份優渥的新工作。新東家對他十分禮遇，他在經理的位子上充分一展長才。他開心地向我報告近況，臉上的表情也變得判若兩人。

過去的他都是面無表情的模樣，在心理諮詢的過程中也幾乎沒有笑容。如今看他笑咪咪地說著新東家的工作環境，我真的深深體會到人是會改變的，這份感受我到現在都還記憶猶新。

第一日請先把注意力，轉移到當下的自己身上。

繼續閱讀本書，你可能會因為發現到自己的缺點而感覺痛心。例如：察覺自己缺乏主體性、為了別人太過拚命、習慣吞下委屈妄自菲薄、內心懷抱罪惡感等等。

不過，發現缺點是邁向成功的第一步。首先，請讚美自己成功轉移注意力了。明天我們再更進一步，逐漸找回原本的自己吧。

你好棒喔！

請先讚美自己
成功轉移注意力了。

提高自我肯定感的第一步

提高自我肯定感的首要關鍵，是先客觀地審視自己。最有效的方法是「寫下現狀」，不要光在腦中揣摩，用眼睛觀察自己實際寫出來的內容，你才能更客觀地反思。

第一日，請先寫出下列問題的答案：

1. 上司或親朋好友詢問你的個人意願時，
   你是否感到困擾？為什麼？

2. 你有沒有妄自菲薄？
   如果有，具體的內容又是什麼？

3. 你是否想方設法地去討好別人？
   如果有，具體的內容又是什麼？

4. 你喜歡什麼事物？
   那是你真正喜歡的事物嗎？

5. 你對自己或別人有沒有罪惡感？
   如果有，那是什麼樣的內容？

DAY 2

深入了解自己，回顧你的青春期

學生時代的你，

是否曾經受過什麼打擊呢？

1 回想以前，你的校園生活過得如何？

回想自己為何會變得高敏感

第二日和第三日，我們要集中注意力回顧過去。

在第一日，你已經感受到「當下的自我」，接下來我們要讓你繼續深入瞭解自己。

我想各位在第一日的練習中，已經發現自己太過敏感了，也了解到自己的思維都是以他人為主。那麼，為什麼你會變得這麼敏感呢？

在前一章也提過，嬰兒從來不會膽戰心驚地看別人臉色。只可惜在成長的過程中，我們經歷了必須看別人臉色，還有扼殺自己情緒的體驗。

第二日和第三日最主要的目的，就是要讓各位回想起害自己變得太過敏感的原因。

在這個階段，你只要回想和反思就夠了，跟第一日的作法相同。

換句話說，你要去感受是「哪件事」害你變得如此敏感。當然你很有可能會想起痛苦的回憶，例如討厭的往事，或是想要遺忘的過去等等。

不過別忘了，這些體驗都屬於「你的一部分」。

青春期的經歷往往是自卑的原因

第二日的注意力，首先要放在青春期的自己身上。

所謂的青春期，是指小學三、四年級到高中的這一段時間。這個時期我們的身心會慢慢地從小孩轉變成大人。

我在提供心理諮詢的時候，發現很多人因為青春期的一點經歷，導致他們在長大成人後過於顧忌人際關係，弄得自己身心俱疲。

青春時期的青少年自我意識抬頭，性格也變得更為纖細，他們會開始在意周遭的狀況。而且跟其他人比較的情況增加了，身體也漸漸產生變化，所以很容易變得太過敏感，遇到一點小事就難過自卑。

青少年在意的不光是旁人的外觀或行動，自己在旁人眼中的形象和評價，更是他們尤其在意的事情。

深入瞭解青春期的自己，有很高的機會能夠察覺讓自己對人際關係太過敏感，或是過度在意旁人目光的原因。

第二日的訣竅

回顧青春期的自己，
找出讓自己變得
「太過敏感」的原因。

2 你在國、高中時期，受過什麼樣的打擊？

即使只是一點小事，也可能留下心靈創傷

青春期的孩子特別在意旁人的目光，也老愛跟別人比較，因此即使是現在看來微不足道的小事，都可能在當時留下深刻的心靈創傷。

有個女性客戶跟我說，她很害怕變化，明明她有想要挑戰的目標，卻遲遲不敢行動。於是我問她，是否有在國中或高中時期受過什麼打擊？就算是微不足道的小事也沒關係。

她想了想，然後說：「我在國中時，有一次稍微鼓起勇氣，穿上跟平常不

同的流行服飾出去玩。但是卻被好朋友說我的打扮看起來很奇怪，讓我深受打擊。現在回想起來，那也沒什麼大不了，而且那位朋友也只是在跟我說笑罷了，並沒有惡意。」

很多情況下，像這種微不足道的小事會一直留在我們心中，對日後造成影響。雖然在長大以後回想起來，你可能會覺得沒什麼大不了，但是當時的你卻覺得非常嚴重。

實際上，有不少人的自信就是被這種小事給摧毀掉的，不曉得各位有沒有過以下的經歷？

- 忘記寫作業被老師嚴厲地責罵。
- 上課時舉手回答問題，結果答錯被同學訕笑。
- 去買東西到櫃檯結帳，才發現自己錢帶不夠。

有時候這些事情會讓你妄自菲薄，然後給自己不必要的壓力，以免再度犯

虧我鼓起勇氣
的說……
我知道！
～～～
那傢伙在
講什麼啊
（笑）。

錯丟臉。

這種習慣會一直持續到你長大，把你塑造成一個畏首畏尾又敏感的人，害你總是缺乏信心又害怕犯錯，結果就是面對人際關係也變得特別消極。

3 你在國、高中時期，最丟臉的經歷是什麼？

試著想起丟臉的經歷

你在青春期是否有過非常丟臉的經歷？

在回顧青春期的時候，「恥」是極為重要的關鍵字。

實際上，許多人在回顧青春期的時候，想起的都是丟臉的往事，而不是深受打擊的往事。

我們在青春期身體逐漸成熟，精神上也開始自立，除了會和旁人比較以外，參與團體活動的機會也特別多。因此，這個時期對丟臉或羞愧的情緒也變得更加敏感。

換個角度來說，丟臉的經歷可能包括穿著奇裝異服、忘記寫功課、上課答非所問、錢帶不夠等等。

在青春期，羞愧感會變得十分強烈，讓人無法保持平常心對談，或是不敢發表意見，有時候就連跟人打個招呼都有困難。

羞愧感再惡化下去，就會演變成自我意識過剩。由於只在意別人對自己的看法，過分關注自己的言行舉止，自己的意願如何反倒成為其次。

在行為層面上也因為太過拘泥於面子問題，所以做任何事情都會在意旁人目光，完全無法發揮出自己的特色。

一般來說，羞愧感會隨著年齡增長而減輕。

隨著年紀增長，人累積了各式各樣的經驗，說得好聽點是有自信，說得難聽點則是變得越來越頑固。而頑固，也可以說是先入為主的觀念增加了。

如此一來，在人前發言或採取行動，就不會過於在意旁人的目光了。

然而，太敏感的人都將注意力集中在別人身上，即使累積了各式各樣的經驗也培養不出自信。他們的行動基準取決於「丟臉與否」，完全沒有自我本位。長期下來，就會一直對人際關係感到惶恐。

回想丟臉的經歷，感受最真實的自己

青春期還有一種丟臉的經驗，就是被大人訓斥自己做的事情很丟臉，相信大家都有印象才對。

或許你本人並不覺得丟臉，但是卻被大人過度灌輸這樣很丟臉的觀念。

很多人在長大成人後不敢果斷採取行動，老是陷入無法突破瓶頸和缺乏自信的困境，主要都是被面子影響的關係。由於太過計較面子問題，因此十分在意別人的眼光，別人對自己的評價遠比自己的意願更加重要。

請各位試著回想青春期的丟臉經歷，的確，回想丟臉的經歷不是什麼愉快的事情。然而，無論是多麼微不足道的小事，或是即使到了現在，還會讓你面紅耳赤的大事，都可能是害你變得高敏感的原因。

回想過去丟臉的經歷，你有著什麼樣的心情呢？

請先回顧過去，專心去體會那份感覺，這麼做是為了間接提高你的自我肯定感。

試著去感受最真實的自己，你才能夠真正地接納自己。

只要純粹去感受就好，光是想起自己曾經有過丟臉的往事就夠了。

4 你是否曾經因為太出風頭而遭受排擠？

受歡迎並不代表自我肯定感會特別高

任何人在青春期都會在意異性的目光，想要獲得異性的青睞。

不過，受異性歡迎的人，不代表在學生時代就會擁有高度的自我肯定感，我曾經看過一些完全相反的例子。

有位女性在國中時代是全校公認的美女，下課時間其他班級的男生或學長，都會跑來教室一睹她的芳顏。

可能會有人相當羡慕她這麼受歡迎，但是她本人卻覺得這樣很丟臉，不喜歡太出風頭。

同班的女生對她是既嫉妒又羨慕，沒想到某位極富人望的女同學喜歡的男同學，剛好喜歡上她。結果這件事曝光之後，全班同學便再也不理她，還在私底下說她壞話。

國中時期的她很討厭去上學，每天都想傷害自己的臉龐。這樣的情緒在長大成人後依舊沒有消失，每次只要有人稱讚她長得漂亮，她的心情就會變得很惡劣。

她以為每一個接近自己的男性都是被美色吸引，根本不看重她的內在。

有些身體發育比較早熟的學生、受老師寵愛的資優生，或是有錢人家的小孩，也都曾發生過類似的問題。

太出風頭的人容易受攻擊

在青春期討厭「出風頭」，也是因為羞愧意識過於強烈的緣故。

由於害怕遭受攻擊或嫉妒，所以只要有一項突出的特質，就會把那項優點當成差勁透頂的缺點。然後寧願迎合眾人的水平，也要做一個安分守己、不起眼的人。

問題是，「迎合眾人的水平」是一種以他人為本的生活方式，不但難以發揮自己的長處，也等於是在埋沒自己的才能。

下場就是失去自己的特性，搞不清楚自己到底是誰。

5 你是否曾經因為失戀而妄自菲薄？

「失戀而已，有什麼大不了的」這種話其實很傷人

高敏感人之所以變得太顧慮別人，乃至於失去自信或迷失自我，也有可能是青春期開始對戀愛產生興趣的關係。

其中，跟心愛的人交往不順利的失戀經驗，有時會讓人完全否定自我，失去活下去的希望，對未來生無可戀。

某位女性在十九歲時被心愛的對象甩了，她難過得食不下嚥，什麼事情都做不好。更糟糕的是，母親看到她每天以淚洗面，竟然還說：「不過是失戀而

已，有必要難過成這樣嗎？」

這句話讓她受到更大的打擊，她心想自己這種人乾脆消失算了，於是自我封閉的情況也就日益嚴重了。

雖然後來母親有為自己的失言向她道歉，但是那一次的傷害對她往後的人生造成了重大影響。她不但變得做任何事情都缺乏自信，甚至認為自己是微不足道的存在。

過去的戀愛經驗也會影響到成年後的人際關係

有一位現年三十歲的客戶曾對我說：「其實在我二十歲的時候，曾和一名男性交往三個月，他劈腿後把我給甩了。現在回想起來，他根本不是我的菜，我們交往的時間並不長，被甩也沒什麼大不了的。但在當時我真的大受打擊，我失落到非常誇張的地步，連我自己都很好奇為什麼當初會這麼失落。」

如今回想起來沒什麼大不了的失戀經驗，對當時的她來說是很嚴重的事。而這也導致她現在的戀愛關係不順遂，無法掌握好與人相處的距離感，凡事都太過顧忌。

我一語道破問題的癥結點，她露出很意外的表情。她知道那次失戀的經驗確實帶給自己很大的打擊，可是她萬萬沒想到影響竟延續至今。

青春期的戀情比成年後還要濃烈三倍以上

對異性產生興趣的青春期，就某種意義來說也是「戀愛至上主義」的時期。這段時期的戀情順遂與否，對今後的人生會產生重大的影響。

有不少人跑來找我諮詢戀愛的煩惱。根據我的經驗，青春期到二十歲前後的戀愛經驗，遠比成年後的戀愛經驗還要濃烈三到五倍。

以前面那位女性的例子來說，她在二十歲時跟交往三個月的心愛男友分手，換算為成年人的戀情，就等於跟交往九個月到十五個月的摯愛分手。青春期的失戀經驗，對心理的影響就是這麼劇烈。

青春期的失戀具有相當大的衝擊性，足以讓當事人完全否定自我。而且這種自卑過甚的負面經驗，對工作和人際關係都會帶來不良的影響，不僅限於親密關係。

成年後的失戀經驗也可能徹底扭轉待人處事的態度

此外，我也曾經看過許多在成年後失戀、感情受創，進而徹底扭轉待人處事態度的案例。

有位男性本來性格活潑開朗，很受大家愛戴，工作能力也十分優秀，算得上前途無量的人才。但他在二十八歲的時候，被論及婚嫁的女友甩了。過去他們的交往算是相當順遂，他不敢相信這種事會發生在自己身上，因此失去了一切動力。

他開始變得疑神疑鬼，在職場上和私底下都喪失了開朗的氣質，終日抑鬱寡歡。我正好在那個時期認識他，他落寞地跟我說，自己再也無法相信任何人了，失去自信後，他提不起勁去做任何事。

他在接受了我的心理諮詢後，終於接受失戀的事實，慢慢地找回過去開朗的自己。

戀愛是一種建立親密關係的行為，在戀愛關係中受到嚴重傷害，對其他人際關係也會產生重大影響。

我替很多情侶和夫妻提供過感情諮詢服務，像這樣因為戀情不順而失去自信，對人際關係變得極度敏感的人還不在少數。

6 你是否曾在升學或求職時，有種被人否定的感覺？

求職受到的挫折也會影響到待人處事

人生在世，每個人或多或少都經歷過一些挫折。失戀是一種挫折，而考大學或求職失敗的挫折，也當然會帶給當事人自卑感，剝奪其信心。有不少人再也不相信自己的能力，變得不擅長經營人際關係。

例如，很多人在求職過程中收到公司寄來的未錄取通知，卻產生一種被別人否定的感覺。

想當然，這些企業並不是在否定求職者，純粹是求職者的妄自菲薄罷了。但長此以往，這些內心遭受挫折的求職者不僅會失去自信，甚至開始自我否定。

考試的挫折也會害你變得太敏感

也有人因為考試結果不如預期而大受挫折。

某位男性從國中時代就用功念書，一心想考取有名的大學。他本人和周圍的親朋好友，都相信他一定會金榜題名。

不料，到了考試當天，他莫名其妙地失去平常的水準，不幸名落孫山。最後，他只好就讀第二志願，這對他來說是難以想像的打擊。尤其有幾個實力不怎樣的同學也考上了同一所學校，讓他感受到強烈的自卑感。他原本打算進了大學要重新振作，但始終擺脫不了失敗帶來的挫折感，整個大學時代都毫無作為。

那一次失敗的經驗，成為他對自己失去信心的關鍵。後來他不管做什麼事都很消極，認為自己是個沒用的傢伙，在關鍵時刻什麼都做不好。他害怕挑戰，自卑感也變得越來越嚴重，連人際關係都沒辦法好好處理。

原本考上大學以後，他有一些想做的事情，對未來的人生也有規劃。結果考試失利連帶失去了一切，什麼目標都沒有了。

持續否定自己的人，也會覺得周圍的人都在否定自己

當一個人飽受挫折後持續否定自己，久而久之，就會覺得周圍的人也否定自己。他們深信周圍的人瞧不起自己，把自己當成沒用的傢伙。

前面提到的那位男性，跟別人相處時也很在意對方給自己的評價，擔心對方看不起自己，人際關係讓他十分苦惱。

畢業後，他進入公司從事業務工作。缺乏自信的人業績自然好不到哪裡去，經常受到嚴厲的上司刁難，他的自信也就更加蕩然無存了。

我跟他是在座談會上認識的，也差不多是在那個時候，他參加了幾次諮詢療程，終於決定徹底改變，和缺乏信心的自己告別。

他重新面對自己的挫折感，試著找回對未來的希望。他定下一個嶄新的目標，想要成為在國際舞臺上活躍的人才。因此，趁著三十歲以前辭去工作到海外留學。

兩年後，他回到日本約我見面，眼神和過去完全不同。他在講述未來夢想的時候，兩眼充滿活潑的神采。這時的他，已經能夠正面看待過去考試失敗的經歷了。

失敗和挫折會在我們心中留下嚴重的傷痕。好好地面對自己失敗的事實，從積極正面的角度來看待人生，就有機會找回原本的自己。

正在閱讀本書的你，也已經踏上回顧之旅，重新面對自己的心靈創傷。等你讀完這本書，就能積極看待自己的人生。到時候，你會懷著豁達的心情笑看過去，把失敗當成有益的經驗。

身為一位心理諮詢師，我很慶幸能看到這些重新振作的案例。而這樣的案例，也讓我再次體認到人類的心靈是很強韌的。

重點在於回顧過去時，你是否會產生厭惡的情緒

第二日的重點在回顧青春期，想起那些帶給你打擊和感到羞愧的往事。事實上，那些經歷跟你現在的太過敏感不見得完全有關係。

當你在回憶過往的時候，也許會產生一種懷念的心情，那就代表往事造成的傷害已經痊癒了。

相反的，如果那件事依舊讓你感到沉重、痛苦、焦慮，那麼即使在旁人眼中是件微不足道的小事，還是有可能在你的心裡留下負面的影響。這也許就是讓你變得太敏感的原因。

第三日，我們要繼續深入瞭解自己，回顧孩提時代的家庭環境。

明天閱讀的時候，請仔細感受自己有著什麼樣的心情，好好觀察自己最真實的心態。

提高自我肯定感的第二步

第二日重點在回顧以往的校園生活，尋找讓自己變得太過敏感的原因。你是如何度過青春期歲月的呢？請一邊回想小學中高年級到大學的那一段時光，一邊寫出下列問題的答案吧。

1. 你是否曾經受過打擊？
   那是什麼樣的經歷？

2. 你是否曾經感到羞愧？
   那是什麼樣的經歷？

3. 你是否經歷過刻骨銘心的失戀？
   當時的心情如何？

4. 你參加考試或求職失敗時，
   是否有種自己被否定的感覺？

DAY 3

探索敏感的原因，回顧過去的家庭關係

在你小時候及成長過程中，
父母是什麼樣的人？

1 你跟家人之間印象最深刻的往事是什麼？

是開心的往事？還是討厭的往事？

第三日要繼續回顧過去，把注意力放在家庭關係上。

據說，家庭關係是人際關係的基礎。跟家人愉快相處的回憶，屬於一種被愛的證明，也是提高自我肯定感的原動力。

相對地，如果你跟家人之間印象最深刻的往事是一些討厭的回憶，那就代表你在家庭中飽嚐苦澀的經歷。這樣的人在長大成人後，比較難建立親密的人際關係。

你也許會發現，從小到大一直看父母臉色的人，在職場上也習慣看上司的

你的回憶是哪一種？

臉色；小時候在家中過得膽戰心驚的人，長大到了職場上也會同樣有戰戰兢兢的心情。

當然，小時候的家庭關係並非一切，但是家庭關係的確是人際關係的基礎，對我們的人生會產生重大的影響。通常，高敏感人都在幼年時的親子或家庭關係中，種下了不良的基礎。

在第三日，我會請教你幾個和家庭關係有關的問題，幫助你尋找讓自己變得太過敏感的原因。

不過，對絕大多數人來說，親子關係很容易陷入「像那樣才是普通」的迷思當中。例如被母親否定時，我們會認為別人的母親也一樣會否定自己的孩子，所以不覺得這是什麼大問題。尤其被養成乖寶寶的小孩，會習慣控制自己的心靈以維護父母的形象。

在第三日，請一邊仔細觀察自己的心情變化，繼續閱讀下去。

2 你的母親是個什麼樣的母親？

母子關係是人際關係的基礎

你的母親是一個什麼樣的人？小時候，你跟母親是什麼樣的關係？在所有親屬關係中，母子關係是養成待人處事態度的一大關鍵。

俗話說：「從小看大。」據說，我們的人格基礎在三歲以前就有八成的雛型。而三歲前的這段時間，最常跟我們在一起的正是母親。

我們從尚未出生時就跟母親建立了聯繫，不但從她的身上吸收各式各樣的東西，就連語言也是從最親近的母親口中學習來的。而我們的價值觀和思維，也多是以母親的價值觀和思維作為基礎。

假設母親告訴我們金錢很汙穢、很恐怖，那麼在我們瞭解金錢為何物之前，就會先產生負面的既定印象。

此外，要是母親經常叫我們忍耐，或是把忍耐視為一種美德，那我們不管遇到任何事情都會忍耐。不過，也有人在長大外出獨居以後，把母親當成反面教材，變成一個完全無法忍耐的人。

有鑑於此，可知我們的價值觀和思維都是跟母親學來的。待人處事的基本法則，也是從母子關係中學習養成。

3 你是否受到情緒化的母親影響？

從小就一直在看母親的臉色……

有些母親的情緒起伏十分劇烈，遇到一點小事就會亂發脾氣，明明前一刻還開開心心，下一秒就悶悶不樂。被這種母親養大的小孩，究竟是什麼樣的心情呢？

母親對小孩而言是至高無上的存在。舉凡張羅伙食、購買文具、挑選衣物、哄小孩入睡的工作，基本上都是由母親負責。想當然，大家都很喜歡自己的母親，沒有人會想要被母親討厭，也沒有人想惹母親生氣，大家都盡可能地避免被母親責罵。

假如母親的脾氣陰晴不定，那麼小孩子會習慣看母親的臉色：

「現在媽媽是不是在生氣？可以找她說話嗎？」

「在幼稚園遇到了討厭的事情，好想說給媽媽聽喔，可以嗎？」

「肚子餓了，但是媽媽好像在生氣，還是忍一忍好了。」

到頭來，孩子會整天思考這些事情。他們會謹言慎行以免惹母親生氣，或是努力聽母親發牢騷，來討她的歡心。

應該有不少人小時候常聽母親發牢騷吧？你是不是也曾這麼做呢？孩子這麼做不光是在安撫母親的情緒，同時也是希望自己最喜歡的母親，可以變得笑口常開、神采飛揚。

然而，只要母親一發脾氣，他們就會變得膽戰心驚，不敢坦率地表達自己的意見或想做的事情。他們會選擇在母親面前當一個乖寶寶，不去惹不必要的麻煩。

和母親相處而養成這種交際方式，在求學和出社會以後也會自然地應用在其他人身上。

這些人太在意對方的想法和心情好壞。於是，凡事都會受對方的情緒影響，對旁人的感情過於敏感。

情緒化的母親

4 你是否被過度干預的母親所支配？

支配小孩還假裝開明的母親

身為母親的妳，是否曾經說過以下這些話呢？

「你是不是也覺得這件衣服比較好看？那我們買這件衣服好了。」

「你乖乖地聽媽媽的話就對了！」

「我是為你好啊！為什麼你不懂媽媽的苦心呢？」

「你也討厭爸爸對不對？你一定很討厭他對吧？」

熱衷教育的母親常出現類似的言行，她們動不動就干預小孩的事情，強迫孩子接受自己的價值觀和思維，想必她們是真心為孩子著想。

不過，從小孩子的角度來看，母親這麼做無異於否定他們的價值觀和感情。被否定的小孩缺乏自我意志，最後便習慣看母親的臉色做決定。

某位男性客戶跟我說，小時候母親常給他各種選擇機會，但事實上卻都是假開明，他根本沒有選擇的餘地。

例如，母親會問他喜歡布丁還是蘋果。當他老實地回答布丁，母親就會皺起眉頭說：「小孩子應該要多吃蘋果才對，家裡買了很多的蘋果，乖乖吃蘋果就好。」

這位母親的言行確實屬於一種「強迫」，但是她本人卻認為有給過小孩子自由選擇的機會。

把小孩當成所有物的母親

過度干涉的母親，經常會把孩子當成自己的所有物。她們會下意識地認為，反正那是自己的東西，想怎麼做都沒有關係，孩子的一切都要遵照自己的意思。

一旦事與願違的狀況發生，她們的管教方式就會發展成支配型，並且正當化自己亂發脾氣和破口大罵的行為。這時小孩子會感覺自己活在一個被母親控管的苦悶世界，完全沒有自由。

面對支配型的溝通模式，由於孩子的自我意志沒有獲得尊重，想必也就更不敢對母親說出真心話了。他們表面上乖巧順從，實際上卻是一直在扼殺自己的感情。

從小到大都沒有自己選擇的機會，也難怪會缺乏自我意志。缺乏自我意志的人一旦被問到個人的想法或意願，腦袋就會變得一片空白。

主動選擇討好母親的答案

被支配型母親養大的小孩，會慢慢地了解母親的習性並且學會應對方法，他們心裡很清楚母親喜歡什麼樣的答案。

換句話說，當母親問他們布丁和蘋果哪個好，他們會佯裝笑臉選擇蘋果。當然，他們真正喜歡的是布丁，卻不敢將這份心情表現出來。

於是，孩子養成敏感又機靈的生存技巧，誤以為那些都是自己做出的選擇，但實際上卻是討好母親的選擇。日後就讀大學、出社會工作，甚至論及婚嫁，也會選擇母親應該會喜歡的選項。

他們養成了討好母親的習慣，甚至沒有察覺到自己是在選擇母親希望的選項，完全忽視自己的情感。他們自欺欺人，甚至以為那是自己的選擇。

所以，明明是為了自己的人生所做的決定，還是會動不動就表現出太在意旁人的習性。

連小孩子的青春期也過度干涉的母親

習慣過度干涉的母親，在孩子進入青春期以後，仍舊想要掌控孩子的一切。例如，偷看他們的抽屜或書包，閱讀朋友或戀人寄來的書信。

青春期的孩子會反抗母親過度干涉的行為，不過一旦從屬關係完全成形以後，就算到了青春期也是唯命是從。這樣的孩子不論做任何事情都會尋求、遵從母親的判斷，無法自己做選擇與決定。

到了這個地步，母子之間就會共有情緒，分不清彼此的心理界限。母親開心，孩子便跟著開心；母親不高興，孩子也跟著感到不安；母親生氣，孩子就開始擔心自己是否做錯了什麼。

等到長大成人後，這種習性便會形成他們待人處事的根本。

過度干涉的母親
讓媽媽看看。
你的選擇是否
都在討好母親？

5 你是否很在意老是緊張兮兮的母親？

你是否成了母親的保姆？

有的母親會過度干涉孩子，強加自己的價值觀給他們。相反的，也有極度缺乏自信的母親。

缺乏自信的母親總是緊張兮兮。她們擔心孩子生病、出門忘記帶東西、在學校被別人欺負、無法成為一個正經的大人等等。

當然，這樣的母親也擔心自己、擔心丈夫、擔心家中經濟狀況、擔心親戚間的交際關係。稍微遇到一點小事，她們就會窮緊張。

這類型的母親凡事都要操心顧慮，雖然稱不上是未雨綢繆，但的確容易變成對孩子過度保護的狀態。

被這種母親養大的小孩，多半會成為孝順又可靠的性格。他們總是很關心母親，主動傾聽母親的心聲。為了帶給母親安心感，他們還會主動去鼓勵或取悅母親。而母親也會回應孩子的孝心，乍看之下親子關係十分融洽。

不過仔細觀察你就會發現，在這樣的母子關係中，彼此的立場是顛倒過來的。坦誠內心憂慮的母親成了女兒的角色，傾聽煩惱的孩子則成為了母親（或父親）的角色。

實際上，像這樣親子關係顛倒的例子還不在少數。

「你一直都在當母親的保姆呢。」

「你盡心盡力扶持母親，簡直就跟父親或丈夫一樣努力呢。」

聽到別人這麼說，你有著什麼樣的心情呢？

凡事以母親為重

孩子之所以這麼努力的原因，當然是因為喜歡母親。可是相對地，他們也養成了犧牲自己的習性，習慣不把自己擺在第一位。

被愛操心的母親養大的孩子，向來很關心母親的一舉一動。他們動不動就會問母親有沒有怎麼樣，主動當一個傾聽者來消除母親的不安。

要是再加上母親生性多慮，孩子就會竭盡自己所能地當一個「可靠的人」，以免給母親添麻煩、增加她的不安。到了最後，他們會習慣性地隱瞞自己的心情或意願。

有些人在長大成人後無法好好表達自己的想法，凡事以別人的意見為主，自己的意見次之，這類型的人或許都有類似的童年經歷。

如果他們有弟弟妹妹，通常也會代替母親負起照顧的責任。好比勸誡弟弟妹妹，不要做會給母親添麻煩的事，儼然是代替父母行管教之職。

童年時代總是把母親放在第一位，凡事不想讓母親操心的孩子，長大後對旁人的情緒會特別敏感，以致於不敢直接表達自己的心情。

這類型人的性格穩重可靠，所以很受旁人的器重。然而，他們面對事情的態度只求自立自強，與照顧母親的方式完全一樣。因此他們會一肩扛下所有責任，生活也變得不再從容。

6 你是否曾經因為母親的冷落而感到寂寞？

你有沒有想過母親可能討厭自己？

接下來，我們來談談完全相反的例子吧。

不是每一個當母親的人都喜歡小孩子，有些女性其實想在職場上大展身手，只是懷孕後不得已必須回歸家庭。像這樣的母親自有一片天空，她們會把工作和興趣，看得比養育小孩更加重要。

更別說有些母親不懂該如何跟孩子相處，對待小孩的態度十分冷淡。例如，不顧小孩子的心情，或是不肯接受孩子親近自己。

想當然，孩子會受到很大的傷害。或許那些母親有不得已的苦衷，但是孩子哪會明白，他們只覺得母親討厭自己。

當小孩子一旦產生母親討厭自己的意識，就連跟母親交談都會猶豫個老半天。不曉得各位是否有過以下的經驗？

- 運動服必須繡上號碼牌，你很清楚母親不擅長裁縫，所以等了好幾天才敢開口。
- 你希望母親來參加教學觀摩，卻始終不敢開口。好不容易到了當天才說出口，卻被母親罵為什麼不早點說。
- 你拜託母親來參加學業發表會，卻被冷淡地回說她要工作沒有空，讓你受到很大的打擊。

這些冷淡的母親並非討厭自己的孩子，而是不曉得該如何面對孩子。通常，這樣的母親也對自己的冷淡態度抱持著罪惡感。

即便如此，孩子只會感覺到自己被母親討厭和冷落了，他們的內心經常隱忍著孤寂。

或許你也曾經有過一個人難過，躲起來偷哭的經驗吧？

在這種情況下，小孩子會習慣性看母親的臉色，這也是導致你變得高敏感的原因。

由於母子之間的心意難以相通，孩子在跟別人相處時也會習慣保持距離，不曉得該如何建立親密的人際關係。甚至，有些孩子會因此不擅長與人友善對話。

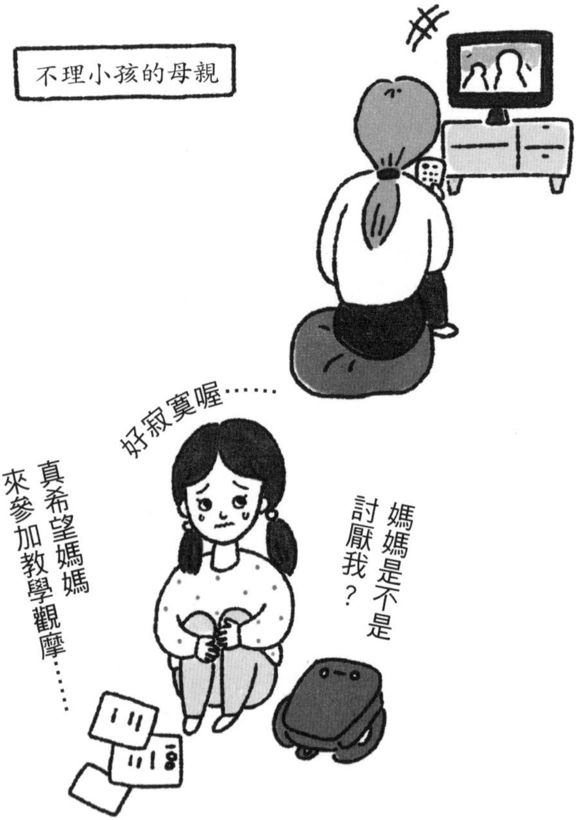
不理小孩的母親
好寂寞喔……
真希望媽媽
來參加教學觀摩……
媽媽是不是
討厭我？

7 嚴厲的父親是否令你心生畏懼？

可怕的父親會使小孩子的心靈畏縮

除了母子關係之外，父子關係也會造就出高敏感小孩。

你的父親是個怎樣的人呢？

即便最近的父親個性都很溫柔，「超級奶爸」一詞也變得極為普遍，但回顧過去，嚴厲的父親仍不在少數。有些人的父親可能還會喝酒鬧事，或是動輒拳腳相向。

所謂嚴父，不論是說話或管教方式都很嚴格，對課業或才藝也會要求優異的成績。假如孩子無法達成父親的期待，就可能被罵得狗血淋頭，連人格都遭受否定。

在還保有體罰風氣的時代，或許你也有過被父親動手毆打的經驗吧。如果你的父親為人嚴厲，或是習慣使用暴力，甚至有借酒澆愁、亂發酒瘋的惡習，那麼你的心靈肯定會一直處於畏縮和緊張的狀態。

這種父親就跟過度干涉的母親一樣，將小孩子視為自己的所有物。若孩子不順自己的意，就會破口大罵或長時間說教，再不然就是把小孩趕出家門，認為管教就是應該訴諸暴力手段。

也有些父親不會直接毆打小孩，而是反過來責怪母親管教不力，動手毆打母親。看著母親被打，孩子會承受一種彷彿是自己被打的衝擊。

至於性格嚴厲的父親，他們的態度多半也是出自於關愛與期待，但是孩子只會感到害怕，成天看父親和別人的臉色。

這樣的習慣一旦根深蒂固，不管在學校念書或出社會工作，都會變成一個高敏感人，整天膽戰心驚地顧慮周遭人的臉色。

8 你是否經歷過叛逆期呢？

你是否脫離父母獨立了？

不知道各位是否有經歷過叛逆期？

你有確實反抗過父母，還是一直過著隱瞞心聲的生活呢？

在回顧讓自己變得高敏感的原因時，過去有沒有經歷過叛逆期是一個相當重要的關鍵。

通常小孩子一到青春期，就會頂撞或無視父母的意見，導致親子關係緊張，這便是所謂的叛逆期。

身心開始成長改變的階段，本來就會在意旁人的目光，心思變得比以前更加敏感。有些人可能還記得自己在青春期時會莫名感到不悅，或是精神狀態變得極不穩定。

叛逆期是小孩子邁向成人階段的重要時期，因為孩子要懂得學會反抗，精神上才得以脫離父母獨立。不過最近的趨勢，卻是有越來越多的小孩不曾經歷過叛逆期。

叛逆是確立自我、摸索生存方式的手段，缺乏叛逆，就等於在精神上永遠受到父母的保護。換句話說，這種人只會看父母的臉色，不敢表達自己的意見，對父母唯命是從。

假如父母特別嚴厲，或是控制欲特別強的話，孩子根本沒有反抗的餘地。不管孩子說什麼，都會遭受情緒性的否定或理性的反駁，連自由行動的權利也被剝奪。

一向缺乏主見的小孩子，在進入青春期後就算想反抗父母，也一定會被壓制下來。然而，沒有經歷過最關鍵的叛逆期，就沒辦法確立自我。

我們都是透過叛逆
來摸索自己的生存之道。

9 家人曾經對你說過什麼樣的話？

與自我否定息息相關的話語

我在與那些高敏感人聊過後發現，他們在孩提時代都曾有過被父母、祖父母、親戚惡言相向的經驗。例如：

「早知道就不要把你生下來！」

「沒有你，我老早就能離婚了。」

「都是你害我失去自由！」

「為什麼我非得照顧你啊！」

「你妹妹比你可愛多了。」

「你不在也沒差，有你哥哥在就好。」

可能也有女性讀者曾經聽過父母或親戚這麼抱怨：「可惜妳不是男孩子」，對吧？

這種例子在鄉下比較常見，傳統家庭需要長男繼承家業或守墓。如果生下來的是女孩，他們就會表現出嫌惡的態度。

這些否定自己存在意義的發言，會在當事人心中留下很深的傷痕。然後，會讓他們產生這樣的想法：

「我要是沒出生就好了。」

「我只會給人添麻煩。」

「像我這種人，不在比較好。」

他們會對自己的存在意義抱持懷疑和否定的態度，不管走到哪裡都顧忌著旁人，過於在意周遭的目光。到頭來，個性就會變得太過敏感，整天顧慮別人或看別人的臉色。

我在進行心理諮詢時，會先為這樣的人解析他們的家庭關係。我發現親子關係不良或親戚的惡言相向，會導致當事人否定自我，對心靈產生極大的負面影響。

明明父母是把自己帶到這個世上的存在，然而在家庭親密關係中，自己的存在卻不斷遭受否定，光想就覺得這真是一件悲哀的事情。

不過，這種悲哀的心情到此為止。從第四日開始，我們要接納這三日來所發掘到的自我，確立自我本位。

提高自我肯定感的第三步

第三日我們回顧了家庭關係，探索讓自己變得太過敏感的原因。你是在什麼樣的家庭長大的呢？請一邊回顧自己的童年，一邊寫下這些問題的答案吧。

1. 你跟家人之間印象最深刻的記憶是什麼？
請一一列舉出來。

2. 那是美好的回憶，還是痛苦的回憶？

3. 小時候，你的父母是怎樣的人？

4. 你是否曾被父母的意志「支配」或「牽著鼻子走」？
還是有過「成天擔心父母」，或「獨自忍受寂寞」的經驗？

5. 你在青春期的時候，有經歷過叛逆期嗎？

6. 家人說過什麼話讓你印象特別深刻？
你聽了以後是什麼樣的心情？

DAY 4

提高自我肯定感，走出屬於自己的路

你是否不敢向人吐露、
承認自己的心聲？

1 回想最近被別人稱讚的經歷

將注意力放在自己身上，提高自我肯定感

前面三日以來，我們回顧了當下的自己，以及過去的學生時代、孩提時代，同時也把注意力放在這些階段上。

第四日，我們終於要確立「自我本位」，活出自己的風采了。在前文中我曾提到，高敏感人都是以別人的價值觀作為自己思考和行動的基準。首先，我們得改變想法和心態，才能以自己的價值觀生活。

過去以他人為本的人，想要轉變成自我本位的生活方式，光是把注意力放在自己身上是不夠的。除了把注意力放在自己身上之外，還必須「提高自我肯

定感」。接下來，我們要討論的，就是關於提升自我肯定感的話題。

自我肯定感太低會怎麼樣？

所謂的自我肯定感，是指勇於接納最真實的自己。從第一日到第三日，我們把注意力放在自己的過去和現在，這是為了讓各位認清自己最真實的模樣，也可以說，這是提高自我肯定感的第一步。

自我肯定感夠高的人，即使遇到不順心的事情也不會自責，他們很清楚人生不如意十有八九的道理。

萬一做錯事，他們會坦率地道歉反省，督促自己不要再犯錯就好了。

相反的，自我肯定感不夠高的人，沒辦法肯定自我，他們否定自我的心態非常強烈。這類型的人不但缺乏自我本位的思維，個性也是纖細敏感。

自我否定感強烈的人，總是認為自己有錯。他們會妄自菲薄，覺得一定是自己有缺陷，才會給別人添麻煩。

有些人被稱讚也會責備自己

以下，是某位女性客戶的案例：

上司向來對我讚譽有加，說我做事細心、擅於統整資料，而且身段舉止得宜，會貼心輔佐前輩。我聽到這些稱讚很開心，但上司最後又說了一句：「如果妳的工作速度能再快一點，那就無可挑剔了。」我始終忘不了這句話，之前被稱讚的喜悅，全都蕩然無存了。

她自己也很清楚，其實上司並沒有惡意，對她十分讚賞。然而，她的自我肯定感不夠高，沒辦法肯定自我，所以對一句無心之言耿耿於懷，甚至產生自責的想法。

自我肯定感不夠高的人，只會看自己的缺點。

為什麼想不起來自己有被稱讚過？

自我肯定感不夠高的人，習慣去挑自己的缺點。即使獲得大家的讚賞與認同，只要聽到一點點否定與批判，就會過於在意那一點聲音。

前面案例中的那位女性，她至少還記得上司的稱讚內容，狀況算不上太糟。有些高敏感人根本不記得自己有被稱讚過，他們的自我肯定感極低，會不自覺地忽略稱讚自己的言詞，只記得那些責備的話語。

你最近有被人稱讚過嗎？不記得自己有被稱讚過的人，可能是自我肯定感太低，才會不自覺地忽略那些稱讚自己的話。

2 即刻瞭解自我價值的方法

你真的沒有任何優點嗎？

自我肯定感不夠高的人，不會注意到自己的價值。與其說他們不去注意，不如說他們完全不知道自己的價值何在。就像我在前文裡提到的，他們覺得自己一無所長，即使被稱讚也無法開心接受。

太敏感的人凡事以他人為本，把別人的評價看得比什麼都重要。他們必須獲得別人的認同，才能感受到自己的價值。

問題是，他們的自我肯定感不高，又習慣過於自責，真的被稱讚了也不願意承認。明明自己的優點獲得他人青睞與表揚，卻自行否定那些讚賞，當成沒被稱讚過一樣。因此，他們無法肯定自己的價值，認為自己一無是處。

那麼，自我肯定感不高的人，該如何發覺、瞭解自己的價值呢？其實要瞭解自己的價值一點也不困難，首先請從回想自己身旁的親朋好友開始。

旁人的魅力就是你的魅力

你身旁有哪些別具魅力的親朋好友呢？

例如，可能有許多生性樂觀開朗、勇於挑戰的朋友，或是渾身散發知性氣質的朋友，還有外觀出眾又落落大方的朋友、善解人意且溫柔體貼的朋友……等等。

事實上，這些都是你的魅力喔！

「才沒有這回事呢！」我知道有些人可能會矢口否認。

但這是利用心理學的「投射法則」來發現個人魅力的方法。假如我們自身不具備這些特質，也無法從別人身上發現。

換句話說，當你覺得旁人溫柔，代表你內心也很溫柔；當你覺得旁人外貌出眾，代表你也擁有一顆美麗的心。

過去我也不敢認同自己的優點，所以能夠理解你想要否定的心情。不過，這些都是千真萬確的事情，純粹是你自己還沒有承認（或不願意承認）罷了。

「原來我有這麼多優點，只是自己還沒辦法接受而已。」

請打從心底，接納這樣的想法吧。

3 誠摯接納自己情感的方法

不要否定自己最真切的情感

想要提高自我肯定感，你必須先瞭解一個道理，那就是不要否定自己的情感。否定自己最真切的情感，就等於是否定真正的自我。

高敏感人通常會否定自己真正的情感。比方說，你在職場上有一個不太喜歡的對象，那個人的性格跟你完全相反，他想說什麼就說什麼，不會隱瞞自己的情緒。這樣的人看起來表裡如一，在職場上頗受歡迎。只不過因為你生性多慮又不擅長表達意見，所以不習慣跟他相處。

這時，自我肯定感不高的人，會否定自己厭惡的情緒。例如：「大家都很喜歡那個人。我會覺得跟他不對盤，應該是我自己有問題吧？」

此外，你是否也曾有過下面這些想法呢？比方說，遇到一件令人火大的事情，卻認為是自己修養不夠而亂發脾氣；沒辦法跟大家一起歡笑，就懷疑自己是不是有毛病；看到同事升遷心裡不是滋味，卻擔心是自己心胸太狹窄。

喜歡就喜歡，不喜歡也別勉強

不管你內心是怎麼想的，即便那些想法與眾不同，都是無可否認的事實。因此，重點是勇於接納自己內心浮現的情感。例如：大家對同事升遷似乎沒有意見，而你卻承認自己心中有一股莫名的嫉妒。

為了幫助前來諮詢的客戶認同自己的情緒，我會告訴他們：「其實人的感情就跟天氣一樣。」比方說，你滿心期待的約會日，當天卻下雨了。這是無可動搖的事實，你無力改變天氣，必須撐著雨傘去約定的地點。

所謂的感情就跟這場雨一樣，否定感情就形同在否定下雨。明明天空就飄著雨，你卻不能接受事實，還反過來質疑天氣荒謬，故意不撐傘出門。下場就是淋雨感冒，連約會都變得一塌糊塗了。

無論是什麼樣的感情浮現心頭，我們都只能虛心接受，這就跟下雨要撐傘的道理一樣。

但是高敏感人卻做不到這一點。

他們只會顧慮別人的心情，以他人本位的方式行動。比方說自己都氣得要死了，還擔心要是發脾氣會給對方添麻煩；或是不敢表達自己的寂寞，怕給戀人帶來困擾。

討厭的事情不必勉強自己接受，喜歡的東西也不必騙自己不喜歡，請誠摯接納自己的心情吧。

感情就像天氣一樣

4 支持自己，和自己站在同一陣線

如何認同不完美的自己

你得打從心底接納現在的自己，才有辦法提高自我肯定感，認同最真實的本我。

方法就是包容自己的不完美，認同不受控制的心情，而不是否定它。辦不到的事情就老實承認辦不到，不知道的事情就說不知道。

例如：你在一個必須歡笑的場合笑不出來，請不要責怪自己。你應該體恤自己的心，跟自己站在同一陣線才對。

做不到這一點的人，你對自己身旁重要的人，應該能給予真心的關懷吧？對於那些重要的朋友或戀人，你總會包容他們的缺點或呆板的地方吧？

用對待好友的方式對待自己

現在，請善待你自己，用對待好友的方式對待自己。

遇到痛苦的事情就老實承認，即使正處於難過或寂寞的時候也不要壓抑、否定那份心情。

接著，請擁抱那樣的自己。

當你否定或隱瞞自己的心情，也不會有人發現到你的心情，主動給予你擁抱和關懷。

感到痛苦的時候，最重要的是先主動承認自己很痛苦。

你必須用這種方法來幫助自己。

5 當你意志消沉時，能提高自我肯定感的兩句話

告訴自己「這就是我」、「這也是我的一部分」

認同最真實的自己，意思就是承認自己好與壞的部分。想要做到這一點，關鍵就在以下兩句話：「這就是我」、「這也是我的一部分」。

當你發現自己的優點時，請在心中默唸：「這就是我。」這樣你才能接納真實的自我。相反的，當你發現自己的缺點時，也請在心中默唸：「這也是我的一部分。」

在工作順利或遭遇瓶頸時，也是同樣的道理。例如你的工作成果獲得讚賞、成效斐然，生意也談得相當順利，那麼請在心中默唸：「這就是我。」相反的，在失敗或被罵的時候，也請默唸：「這也是我的一部分。」只要坦率地接受自己的不完美，你就不會再否定自我了。

那麼，萬一在工作中感到自責時，又該怎麼辦呢？

請各位想像一下這樣的情況：你到客戶的公司去介紹新產品，你很瞭解新產品的特性，資料也準備齊全，並且成功克服緊張的情緒順利完成簡報。

就在你以為簡報結束時，對方的負責人竟然問了你一個意想不到的問題。你的腦袋一片空白，不曉得該如何答覆，只好先回去公司檢討，改日再回答對方。

假如是你遇到這種狀況，那一天的心情會是如何呢？

你會後悔自己沒有做更充分的準備嗎？還是擔心自己被客戶討厭，責怪自己給上司添了麻煩呢？

高敏感人的性格纖細，他們總是事先考量很多層面，傾向於追求完美。換句話說，他們凡事要求完美，非常害怕失敗。

當你害怕失敗、凡事追求完美，一遇到類似的問題就會過度自責。

先稱讚自己辦到的事情

那麼從上述的例子來看，我們要如何認同自己，提高自我肯定感呢？

前面也介紹過，重點是成功時要認同自己的優點，失敗時要接納自己的缺點。訣竅在於先回顧自己成功的經歷，然後稱讚自己幹得好。例如：

- 先稱讚自己簡報做得很好。
- 再稱讚自己準備工作做得不錯。
- 最後稱讚自己遇到不會的問題，也沒有胡說八道或說謊，而是選擇先回公司檢討，再做答覆。

以上述的例子來說，你不要把這些優點視為理所當然，而是要肯定、稱讚自己做得很好。

對於辦不到的事情，請用安慰新人的方式安慰自己

那麼，我們該如何接納自己腦筋一片空白，無法立刻回答客戶的問題呢？即便你有心接納自己的缺點，在意志消沉的時候的確是很難辦到。

這時我建議你思考一下，假如有一個新人遇到同樣的問題，你會用什麼話來安慰他，然後你就用那句話來安慰你自己。

新人遇到同樣的問題，你會怎麼撫慰對方呢？

或許你會說：「你已經很努力了，沒關係啦。經驗老道的業務也很難回答意料之外的問題，至少你還懂得用緩兵之計，這已經很了不起了，其他部分也處理得很完美啊，能做到這個程度已經很不錯了。」

請你也對自己說同樣的話，試著接受自己不完美的部分。

6 真的無法接納自己時該怎麼做？

接納無法容忍失敗的自己

每次我建議客戶使用安慰新人的方式，有些人就會表示，他們能夠用溫柔的言語安慰別人，卻沒辦法這樣對待自己。

事實上，在某些情況下我們很難接受失敗的自己。而「接受最真實的自己」這件事，就等於要你接受難以忍受失敗的自己。

換句話說，我們不只要用安慰新人的方式安慰自己，還要認同、包容難以忍受失敗的自己。

首先，請把安慰新人的說詞，拿來安慰自己。假如你還是無法坦然接受失敗，就請對自己說：「也是啦，我就是這樣的人嘛。」

在心中跟自己對話

所謂認同最真實的自己，這樣的行為就等於是要接納失敗的自己，接納那個你沒有辦法忍受的自己。你必須在心中跟自己對話，隨時接納心中湧現的想法，例如：

你：「你已經幹得很好了，成果不是挺不錯的嗎？」
心聲：「不過，我不這麼認為啊，因為我沒能回答客戶的問題。」
你：「也是啦，力求完美的確很符合你的作風。」
心聲：「我想追求完美卻辦不到，所以我才說自己不行嘛。」
你：「你會這樣想，也算是你積極的一面吧。」
心聲：「話是這麼說沒錯，但我還是覺得自己太沒用了。」
你：「你現在會這樣想也無可厚非啦，你的個性就是這樣嘛。」

心聲：「也對……這就是我嘛……。」

差不多就是像這樣的感覺。

高敏感人多半擁有一顆溫柔的心，他們可以對別人說出安慰的話。

像這樣的對話方式，你應該常用在有困擾的朋友或新人身上吧？這次，請反過來用在自己的身上。

7 讓你在一瞬間提升自信的方法

自信=經驗×自我肯定

我總是告訴大家一個方程式：自信=經驗×自我肯定。

不論你曾經有過多棒的經驗、旁人對你有多麼器重，要是你無法由衷接納的話，就不可能產生自信。

先稱讚自己一些微不足道的經驗也好，請對自己說：「你幹得很好！」

請好好稱讚努力的自己

假如你還是無法承認自己努力過（其實你很努力了），這幾天我們不是有回想自己遭受打擊或丟臉的往事嗎？請對過去的自己說聲：「你很努力了。」例如：

- 你很努力傾聽母親的抱怨。
- 父母吵架你總是當他們的和事佬。
- 你一直在支持精神脆弱的母親。
- 你努力念書考取大學，回報父母的期待。
- 你努力練習樂器，以免給樂團成員添麻煩。
- 即使經歷痛苦的失戀，你也努力地去應付工作。
- 你熬夜處理工作，好不容易才把資料整理完。
- 新人說想辭職，你聽他訴苦到半夜。
- 父母生病時，你在工作之餘還得去醫院照顧病人。

● 情人準備考取證照，你努力幫對方打氣。

請對勞苦功高的自己說聲：「你很努力了，很棒唷！」可以的話，最好在稱讚的過程中，在心裡替自己打一個勾。

這樣的經驗不見得要伴隨成果，即使結果令人遺憾，終究改變不了你努力幫助別人、滿足別人期待的事實。你確實曾經為了別人而犧牲自己，這本身就是一件了不起的事。光是認同這一點就能夠讓你產生自信，並帶給你實踐自我本位的勇氣。

通常，我都會在座談會結束後，檢討自己有沒有什麼需要改進的地方。但是我也會告訴自己，已經盡最大的努力了，其他缺失留待下次改進就好。

追求完美是沒完沒了的，你只需認清自己做得好的部分，給自己稱讚和鼓勵就好。

第四日我已經告訴各位，如何提高自我肯定感來確立自我本位的方法。各位要是能成功把注意力轉移到自己身上，確立自我本位的話，接下來我們就要進入關注自己與旁人關係的階段。

提高自我肯定感的第四步

第四日的重點在確立「自我本位」，請回答下列問題，提高自我肯定感。

1 請回想你周遭有哪些了不起的人，寫下他們的特徵。
那些特徵，也就是你的價值和魅力。

2 在第二和第三日，我們寫下了過去遭受打擊的往事，
以及自己與父母的關係，請在一旁寫下你當時的感受。

3 寫好感受以後，請在文字上方打一個勾，
稱讚自己努力過了。

DAY 5

以自己的步調，重新建立人際關係

該以自己
還是他人為重？

1 獻給不知道該如何掌握距離感的朋友

用「包容」消除心靈屏障

前面我們花了四天的時間，把注意力轉移到自己身上，除了肯定自我之外，也培養了自我本位的思維。

話雖如此，過去我們一向以旁人的意願為主，一旦要改用自我本位的方式與人相處，轉變成以自我為主的過程中，難免會帶來痛苦。比方說讓你感到不自在，多了一些煩惱等等。

痛苦會化為心靈的屏障，使我們厭倦人際關係。但若是為了逃避痛苦而恢復以他人為本的溝通方式，就等於是故態復萌，前功盡棄了。

第五日我們要消除造成心靈屏障的痛苦，以免重蹈覆轍。而包容，就是消除屏障最有效的心理手段。

以自我為本才有辦法包容自己

感覺痛苦指的就是心靈受創的意思，因此我們在與人相處時會製造屏障，保護自己不再受傷。一旦產生屏障，日後遇到想要深交的對象就很難拉近彼此的距離了。

我們可以使用包容的方法來消除痛苦和屏障，不過前提是，你要以自我本位的方式生活。

若是你凡事以他人為本，那麼你對別人的包容純粹是在討好對方罷了，這種作為是不可能成功的。

因此，在你能夠確立自我本位後，我們才開始進行這一項課題。

2 完全釋放自己的負面情感

先發洩情緒

我將以下面的案例，來解說包容的步驟。

有些人從小就受到情緒化的母親支配，無法確立自我本位，長大後變成一個高敏感人。這裡所指的母親，對某些人來說，也有可能是父親、哥哥、同學。請各位回想第二、第三日的練習，自行替換情境，再繼續閱讀下去。

包容的第一步，是宣洩你對那個人的情緒，這又稱為「釋放感情」。

高敏感人習慣顧慮別人，凡事以他人為主。因此，縱使有意見也不敢表達，寧可選擇忍耐。尤其是面對愛支配且動輒情緒化的母親，表達自己的心聲反而會受到嚴厲指責，幼年時沒得選擇也只有忍耐了。

我們常說：「自己與別人似乎有隔閡」，但其實這個隔閡，是累積在心中的負面情感。假如你對眼前的人感到憤怒，你也不會對那個人敞開心胸。

然而，要是對方道歉能夠消除你的怒意，或許你就比較能夠坦率地表達自己的真實情緒了。

首先，請釋放自己心中累積的負面感情，消除心靈的屏障吧。

書寫在筆記本上

定期參加心理諮詢也是一種釋放感情的方法。但還有一種更簡單的方法，就是把情緒寫在筆記本上。

高敏感人多半性情溫和，不懂得發脾氣。又因為他們的生活皆以他人為本，把別人看得比自己重要，各種感情也壓抑著，不容易表現出來。

等培養出自我本位以後，你就能接納自己的真實感情了。屆時，釋放感情也會變得更為順遂。

寫下自己「現在」感受到的情緒

在筆記本寫下自己現在對那個人的情緒。請回想那個使你變得高敏感的人，然後寫下你要對他說的話和想法。

倘若你想起的是母親，請一邊回憶童年的往事，一邊寫下在你小時候不敢對母親說出口的話。

這時，請具體寫出你的疑問與不滿。例如：為什麼母親不願意聽我說話？為什麼母親不願意稱讚我？

或是寫下你的真實感受。例如：母親動不動就生氣好可怕、忙碌的母親讓我感覺好寂寞等等。

最後，再寫下你的憤怒，痛罵母親一兩句也好。

敏感的人由於個性溫柔，通常會不太好意思寫下這些話語。這時使用稍嫌誇大的表現方式，會得到更好的感情釋放效果。例如：

- 母親做的某件事（或是沒做的某件事）讓我很生氣！我沒辦法原諒！
- 其實我希望母親能為我做某件事。
- 母親做的某件事讓我好難過、好寂寞。
- 某件事讓我好痛苦、好難受！
- 母親，對不起我做了某件事。

在釋放感情時，請先在心裡好好地體會這些感情再下筆。

想不出任何話的人，請寫下你想不出任何話

每當我勸客戶寫下對母親的情緒時，總有些人會說，他們想不出任何話可以寫。像這樣的情況，請寫下：「我想不出任何話。」

請寫下你目前的情緒或想法就好。例如：「我有一些話想對母親說，但是完全不曉得該說什麼才好，我沒有感想。可能是一直壓抑自己的關係吧，我從小就不擅長表達情緒……。」

如此一來，你就能逐漸釋放出情感，開始寫下自己的真心話了。例如：

「我不敢在母親面前表達情緒，否則會給她添麻煩。在學校遇到討厭的事情我也不敢說給她聽，即便我很想這麼做，但我只能忍著不說出口，我好痛苦。」

在解放感情時感到痛苦是在所難免的，但是到了最後你會有如釋重負的感覺。相反的，這種寫下情緒的做法，你必須發洩到一定的程度才能停下來，這樣比較容易進行下一個步驟。

3 用感性的方式瞭解對方的狀況

用心去理解

宣洩完感情後心靈就會變得更加從容。接著我們就要進入下一個步驟，用感性的方式理解對方的行為。

為什麼母親的支配欲強烈？為什麼母親的個性情緒化？我們要用感性的方式去理解，這裡之所以用「感性的方式」來形容，是有意義的。

長大成人以後，我們習慣用理智去瞭解別人，太敏感的人還會以善意詮釋對方的行為，他們相信對方的行為沒有惡意。

不過，這純粹是用頭腦理解而已，算不上用心理解。

用心理解其實就是感同身受

所謂用感性的方式理解，其實就是要你明白其中的道理。今天假如換成是你站在母親的立場，你可能也會對小孩採取同樣的態度。

換句話說，就是你要有所共鳴。比方說，要體諒母親也有不得已的苦衷，所以才會那樣對待你。當你能夠體諒母親的狀況，說不定滿腔的思緒會化為淚水奪眶而出。

我有一位來諮詢的客戶，成功用感性的方式去理解情緒化的霸道母親，他是這麼說的：

媽，我想妳從小到大都過得很寂寞吧。爺爺奶奶和學校的老師都是很嚴厲的人，而且妳還有弟弟妹妹要照顧，大概都沒有撒嬌的機會吧。

妳是不是一直都在忍耐，所以才想好好照顧自己的小孩，可是又不曉得該怎麼做，才會採取過度干涉的態度。

其實妳是一個很有愛心的人，時常熱心照顧親戚和鄰居。雖然我也有痛苦

徘徊在釋放和理解之間

和糾葛，但是真正痛苦的人是妳吧。

那位客戶回想母親的人生經歷，主動去瞭解母親的感受。當他體會到母親的心情時，也終於明白母親之所以那麼做的理由。於是，他打從心底認同母親的辛勞付出，也不再責備母親了。

當然，不見得每個人都能馬上理解和認同。不過，當你依循著母親的人生軌跡去思考，就能體會到母親的關愛之情了。

徘徊在釋放和理解之間

在使用感性方式理解的過程中，假如產生不滿、憤怒、悲傷、痛苦的情緒，請先回到上一個釋放情緒的步驟，再次把情緒寫在筆記本上直到全部發洩完畢為止。

也就是說，「感性的理解」要搭配「情緒的釋放」，才會有更好的效果。而這也是加強自我本位的方法之一。

誠實面對自己的心情，試著揣摩母親的人生經歷，以感性的方式去瞭解母親的行為吧。最後，你應該會激動地對母親說：「媽，妳辛苦了，妳真的很了不起！」

4 列出感謝清單，從教訓中獲得成長

用感謝之意來完成包容

解放情感，用感性的方式理解對方，接下來就是包容的最終階段了。包容的最終階段，是感謝。

當你開始慶幸自己有這樣的母親，願意說出感謝的話語，就等於是順利地包容對方了。比方說，像是：

- **還好，我有這樣的母親。**
- **感謝母親的作為。**

●對母親表示謝意。

請參考上述方式，寫下十項感謝之意，列成一張清單吧。

順帶一提，我以前曾經列出了一百項感謝之意，來感謝父母的作為。當然我沒有每天寫，寫這個還蠻花時間的，我寫母親花了一個半月，寫父親花了三個月。我的父母在我唸高中時離婚，但是還沒離婚之前他們就分居了，我對父親的記憶只停留在小學時期，要回想當時的記憶不太容易。

然而隨著我回憶往事，竟然逐漸地消除對父母的不滿，我甚至產生了感謝與關愛之情。以下我列出自己寫給母親的感謝清單，給各位做為參考。

- 感謝妳忍受四十八小時難產把我生下來。
- 感謝妳在祖父母家養育我，那裡的自然環境豐富，而且有祖父母照顧真的很棒。
- 感謝妳在懷我的時候，努力攝取各種營養，我現在才能如此健康。
- 感謝妳每天送我去幼稚園，明明妳也有自己的工作，現在回想起來妳實在是很辛苦呢。

- 感謝妳在我身體虛弱時的細心照顧，我能感受得到妳的擔心與焦急。
- 小時候，我不小心跌到篝火裡，感謝妳照顧燒傷的我。
- 小學一年級時，我跌倒撞到膝蓋，感謝妳假日帶我去看醫生，拜託醫生為我診治。
- 感謝妳常煮我喜歡吃的炸雞給我吃。
- 感謝妳總是在遠足或運動會時準備好吃的便當，我很喜歡。

現在重新回顧這一份清單，我就會產生關愛和感謝之意。

儘管你內心可能有一些討厭的感受、壓抑的感受、痛苦的感受、寂寞的感受，但是在你寫出感謝之意之後，會發自內心產生一股關愛之情，你可能會開始慶幸自己有這麼棒的父母。

正多虧了你的父母是那樣的人，你才能體會到這一份感謝之意。

沒有被父母照料過的廚師所發表的感謝演說

接下來，我要介紹的是某位廚師的故事。

這位廚師的母親根本不照顧小孩，也不肯動手做任何家事，所以他從小就得替家人張羅伙食。而且在他小學的時候，父母曾經嫌棄他做的料理難吃，還把盤子扔到他身上。所以他拚命學習廚藝，想要煮好吃的東西給家人吃，後來也憑著一身的好本領成功找到工作。

他的實力獲得認可，年紀輕輕就開了自己的店鋪，生意十分興隆，還在比賽中贏得大獎。他在上台領獎時說：「我只是盡力煮出美味的料理，提供給家人和眼前的客人。今天我能贏得比賽，這都要感謝母親把我培育成廚師。感謝妳了，媽媽。」

雖然不曉得他是否憎恨自己的母親，但這的確是源自包容的感謝。

包容會帶來學習與成長

包容會消除你的傷痛，帶給你學習和成長的機會。而這些領悟，是改變你人生的助力。例如：

- 母親過度干涉，反而讓你成長。
- 父親冷漠嚴峻，反而讓你成長。
- 兄弟姊妹試圖支配你，反而讓你有所領悟。
- 朋友傷害你，反而讓你有所領悟。
- 戀人拋棄你，反而讓你成長。
- 面試多次失敗，反而讓你有所領悟。
- 被不講理的上司刁難，反而讓你成長。

事實無法改變，能改變的是真相

在心理學裡，有一句格言說：「事實無法改變，能改變的是真相。」所謂的事實，是指現實世界發生的事情，那是無法改變的。然而，真相則是指你怎麼去解釋那個事實。

大家應該都知道，我們是依據真相而活，而不是仰賴事實。即便對方做過的事情無法改變，但只要改變詮釋的方法，換個角度便可以讓我們活得更加積極正面。

包容是達成這個目標的要素之一，改變自己的觀念和看法，你才會產生感謝之意。累積這樣的經歷你才得以吸取教訓（我又將這稱之為恩惠）。

5 讓自己選擇「自我優先」或「他人優先」

先傾聽自己的心聲

學會包容後我們消除了一些心靈的屏障，接下來我們要瞭解的是，以自我本位的方式與人相處究竟是怎麼一回事。

比方說，某天你突然接到好友的聯絡：「有件事情想聽聽你的意見，不知道今天有沒有空？」以他人為本位的你，會產生助人為善的義務感，心想：「看她那麼煩惱男朋友的事，不聽她說一下似乎不好意思……。」於是你會馬上答應對方的要求：「嗯，好啊。下班後就約在那家咖啡廳聊聊吧。」

至於自我本位的人，會先傾聽自己的心聲，冷靜觀察自己的情緒與狀態：「我是很想聽對方訴苦啦，但是我最近忙於工作也很疲勞。而且我有點感冒的徵兆，下班後想好好休養。」

一想到好朋友面臨困難，想幫助對方是正常的，但是在那之前，請先傾聽自己的心聲。

在腦海中浮現「自我優先」或「對方優先」的選項

如此一來，有意幫助朋友和想要好好休息的心情，就會彼此拉扯。

這時的重點在於，請以自己的心聲為依據，在腦海中浮現「自我優先」或「對方優先」的選項。

【選項A　自我優先】我很想聽朋友訴苦，但是我很疲倦。所以今天還是先拒絕，等週末比較有空閒和體力時，再來聽對方說話。

【選項B　對方優先】我很累，想趕快回家休息。但是我想幫助重要的朋友，還是努力撐一下聽對方說話吧。

就算你選擇了B，也應該順從自己想要幫助朋友的心意，而不是為了去討好對方。

只要在心中準備兩種自我本位的選項，再依照自己當時的狀況採取行動即可。

選擇自我優先也不感到自責

以自我本位生活的人，不會對選擇自我優先的選項感到自責。他們會對朋友感到抱歉，但是不會產生罪惡感，畢竟在疲勞的狀況下，也沒辦法好好幫助朋友。

此外，我們看A選項就知道，其實還有替代方案可用。選擇A並不代表拒絕，改成週末也未嘗不可。

選擇對方優先也請稱讚自己

假設你選擇B勉強去聽朋友訴苦，除了給予對方關懷和鼓勵，你也應該肯定自我，稱讚勞苦功高的自己。明明已經很累了，還努力去聽朋友訴苦，確實很了不起。

以他人為本的人，其實是強忍著疲勞去聽朋友談話的，所以會下意識地產生一種要求回報的心態。他們覺得自己勉為其難陪伴對方，理應獲得感謝，而這正是破壞人際關係的原因。

相信你也曾有過類似的經驗，當你企盼對方感謝時，那位朋友搞不好紓發完就拍拍屁股走人了。這下子，反倒是你自己覺得不痛快了。

假如換成以自我本位的方式傾聽對方訴苦，就不會產生那樣的感情。

第五日，我已經說明該如何以自我本位的方式培養人際關係，以及在培養關係之前應該如何排除心靈上的痛苦了。接下來我要教導各位，如何把你的敏感特質轉化成優點，以及怎麼運用敏感特質拓展工作和人際關係。

提高自我肯定感的第五步

在第五日中我們學會了，在以自我本位建構人際關係的過程中，該如何消除心裡的芥蒂。讓我們邁向下一步，卸下內心的屏障吧。

1 回想害你變得太敏感的對象（例如父母、分手的戀人、朋友等等），寫下你對那個人的情緒。

2 站在對方的立場，試著理解對方。
對方為什麼要對你做出那種事呢？

3 寫下感謝對方的十件事，
要點如下：

- 寫下對方做過的事情。
- 多虧對方，讓你學到哪些教訓。
- 向對方表達感謝之意。

DAY 6

敏感從來就不是弱項，善加運用便是強項

能敏銳感受到他人的情緒
究竟有什麼好處？

1 待人溫柔的特質，在溝通時佔優勢

你認為敏感是缺點，但其實是優點

太敏感的人時常把自己的敏感視為缺點。其實換個角度思考，善解人意和待人溫柔都是發展人際關係的優點。

當高敏感人掌握了自我本位，懂得拿捏距離感以後，就能把敏感的優勢活用在工作與人際關係中，活出屬於自己的人生。而且，還能更加積極地拓展人際關係。

第六日，我要告訴你如何活用這樣的優點，活出自己的風采。

太溫柔也是一件很累的事

過於敏感的人也可以說是「太溫柔的人」。溫柔，當然是一項優點，但是有不少人過於溫柔，拒絕不了別人的要求，弄得自己身心俱疲。

現在的你已經提高自我肯定感，懂得以自我本位的方式，掌握人與人之間的距離感了。

你正處在一個學習活用敏感的過程中，這時你不能再像過去那樣誤用溫柔，你要以自己為主，勇於拒絕對方。接下來，我將介紹這種思維。

這裡所指的拒絕，是指認同自己的價值，不畏懼拒絕的後果。這是一種提高自我肯定感的方式，請各位務必學會拒絕對方的方法。

2 不敢拒絕的人該如何勇於說不

獻給容易被其他人的感情影響的人

高敏感人容易受到其他人的影響，從旁人身上接收大量的訊息，很多時候，他們甚至對別人的情緒感同身受。當別人說出難受的經歷，他們就會當成自己的遭遇，一起陷入難過的情緒中，甚至事後也難以擺脫那份情緒。

像這樣受到旁人的情緒影響，把別人的事情當成自己的事情，高敏感人就會產生一種無時無刻都在背負別人感情的錯覺。而一直背負著別人感情的人，會覺得活不出自己的人生。

因為這樣跑來找我求診的人，老實說還不在少數。

先認清自己與別人的差異

這類型的人很難拒絕對方的要求，不論自己再辛苦也會以別人的意願為優先，即使犧牲自己也要接下請託。為避免類似情況發生，懂得拒絕別人是很重要的關鍵。

就算你是個已經確立自我本位的人，也不代表你就能夠馬上聽從我的建議拒絕對方。實際上，要將想法化為實際行動還是有困難的。

這時候，請在心中默唸：「我是我，你是你。」

當你擁有這種堅定的意志，就會劃清自己與旁人的界線，產生明確的自我了。這是保護自己的心靈，也是發揮自我本色建立人際關係的基礎。

我再重申一次，高敏感人的性格都很溫柔。你可能擔心劃清界線的做法，會拉低自己的評價，或是被當成一個冷漠無情的人。

但這些都是杞人憂天，對於那些來找我求診的人，我也是給出同樣的建議，他們在使用劃清界線的方式行動後，評價並沒有受到影響。請鼓起勇氣踏出第一步吧。

劃清界線才能勇於說不

有了劃清界線的意識，高敏感人也能勇敢說「不」。

以他人為本的人，太擔心別人對自己的看法和好惡，無法表達自己的意見。有了明確的自我意識後，就會在自己與對方之間劃清界線。由於雙方保持了適當的距離感，也就更容易表達主見了。

某一位男性工程師很有才幹，偏偏個性太溫柔體貼，無法拒絕別人的要求。結果，他被當成收拾爛攤子的救星，每天有一堆處理不完的工作。除了時常加班到深夜之外，就連週末都沒辦法好好休假。

此外，這位男性的自我肯定感極低，他擔心若是拒絕要求會導致評價下降，被公司棄如敝屣。每每有企劃負責人請他救火，他就會體諒對方而硬著頭皮接受。後來，他的精神再也承受不住，跑來找我諮詢該如何是好。

我教導他要劃清界線，也請他實踐本書中提到的提升自我肯定感的方法。於是，他開始重視自己的心情，也懂得弄清楚自己想做什麼，以及自己擅長什麼了。

默唸「我是我，你是你」，學習傾聽自己的心聲

這位男性工程師，在過去別人拜託他去做一些討厭的工作時，他就會勸誡自己不能有挑工作的想法，然後努力完成那些要求。不過，這很明顯地是在忽視自己內心的意願，對精神造成相當大的負擔。

自從他有了明確的自我意識後，開始懂得傾聽自己的心聲。有一次，上司又要他救火，他鼓起勇氣表明自己也很忙，麻煩上司去找別人幫忙。

第一次拒絕別人，他緊張到當天晚上完全睡不著覺。隔天，上司對他說了一段出乎意料的話。原來上司已經找到其他人幫忙了，而且上司其實很慶幸他拒絕了，否則老是給他增添負擔，也委實過意不去。

勇於拒絕，反而發現自身價值

透過這一次經驗，他活了三十多年首次發現，勇於拒絕不但不會被別人討厭，而且反而是一件好事。他開始以自我本位的方式生活，也漸漸地瞭解什麼是自己喜歡和擅長的工作。

過去，他都是被動承接別人丟過來的工作，後來他主動參與某一項新企劃。那是他一直想從事的工作，只是以前他缺乏自信，擔心毛遂自薦會被別人嘲笑。結果，對他讚譽有加的企劃負責人邀請他擔任這個企劃的副手。

那位負責人說，沒想到他願意來參加這次的企劃。

由於他之前很常幫助對方，對方也希望他來參加。如今他主動前來，對方很感謝他。

經過他鼓起勇氣拒絕，明確表達自己的意志後，這才漸漸瞭解到自己的客觀評價。

勇於求助不要逞強

我常說，努力去做自己能力所及的事就好，辦不到的事情不必刻意勉強去做沒關係。

而我之所以勸大家勇於拒絕，也是希望各位能領悟一個道理，那就是：「遇到問題別逞強，記得去找別人幫忙，不要獨自承擔。」

高敏感人一碰到問題就會自責，凡事都習慣一個人埋頭處理。尋求協助會讓他們覺得自己能力不足，而且他們會心生顧忌，不願意給別人添麻煩。這些都是自我肯定感太低才會產生的念頭。

每個人都希望自己能夠成為別人的助力。因此，求助不見得是給對方添麻煩，搞不好對方會很高興自己終於可以派上用場。

俗話說：「人比人氣死人。」責備自己能力不足是很簡單的事情，然而勉強去做明知辦不到的事情，才是真的給旁人添麻煩。重點在於認清個人能力的極限，把注意力放在自己能做到的事情上面。

切記求助並不可恥，也不是給人添麻煩，那是在幫助別人的美好行徑。

其實大家很樂意幫助你

接下來，介紹一個高敏感的女性，凡事都獨自承擔的案例。

過去她都是一個人處理上司交辦的工作，即使一路咬緊牙關苦撐過來，也沒有任何怨言。因為她不擅長拜託別人，或是把工作交付出去。

有一次，她決定學習心理學改變自己，過程中她來參加我的座談會。後來她改變了想法，學會接納最真實的自己，也不再逞強了。

每個人都是獨一無二的個體，沒有人的想法和感受是完全一樣的，所以無論自己是什麼樣的面貌都無所謂，不必去跟別人比較。

當她感覺有困難時，就會請其他人幫忙，或是拜託上司寬容期限。真的撐不下去時，就會老實跟上司說她撐不下去了。即使被上司責罵，她也會明確表達自己真的已經竭盡全力了。實際上，只要她主動求助，大家都蠻樂意伸出援手的。

她不再孤軍奮戰之後，發現了一個道理。

在她坦承自己力有未逮，把工作都交給別人以後，閒閒沒事會讓她感到不

不要孤軍奮戰

安。於是她便重新反思，有什麼事情是自己能夠辦到的。

首先，她會觀察其他人的工作內容，看看有沒有人正在孤軍奮戰，或是快要撐不下去的。如果有，她就主動提供對方協助，也因此她發現了自己的全新用武之地。

放棄孤軍奮戰後，發現了新的用武之地

試著放下自己無法處理的工作，尋求他人協助，反而可以發現到自己新的用武之地。

高敏感人也可以像這個案例中的那位女士一樣，主動觀察其他人的反應，察覺一些周圍難以發現的訊號。活用這一點，就能在職場中發現自己新的用武之地。

當她不再一個人承擔一切，開始幫助周遭有困難的人以後，不難想像職場氣氛有了多麼大的轉變。

最後她跟我說：「雖然埋頭苦幹的方法並沒有什麼不好，但是試著放手求

助會有不一樣的視野。就結果來說，我也確實覺得比以前更輕鬆了。」

反過來活用太敏感的特質，她成功幫助了自己和同事。

3 活用敏感特質建立信賴關係

預知對方的感情

一般來說，高敏感人與人交際時內心會顧慮太多，害自己身心俱疲。因此，他們多半會選擇不需要與人交際的工作或興趣。

不過，改用自我本位的方式生活之後，善解人意反而成了一大優勢，有不少人發現其實自己很適合做與人交際的工作。

對別人的情緒敏感，代表你瞭解別人的情緒。這類型的人在工作上，能夠提供對方真正需要的服務。

從事接觸客人的工作的話，可以順利掌握顧客的期望，提出符合對方期望的商品或企劃；當上主管領導別人，也會考量每一位成員的狀況來安排行程，替每個人選擇較容易發揮能力的工作。

再者，敏感人擅長創造愉快的空間。例如舉辦派對時，他們會準備一些出席者喜歡的料理，並精心安排餐具或桌巾之類的餐桌佈置，或是增添室內氣氛的花卉等等。

另外，在設計派對邀請卡的時候，他們也會細心的繪製導覽圖，給那些不擅長看地圖的出席者使用，或是寫一些令人開心的文字。

只要活用高敏感的才能，便能做出體恤顧客的導覽手冊、使用說明書以及客服對應守則，或是安排一套員工和顧客都滿意的系統，絕對能為你帶來皆大歡喜的結果。

從文書工作調到業務工作，反而發現自己的才能

有位女性長年來都從事文書工作，有一天突然被調去做業務，於是她心生焦慮地跑來找我諮詢。

以前她就曾經參加過我的座談會，自我肯定感也提升不少了，所以我跟她說不用擔心，只要秉持明確的自我，細心安排顧客喜歡的提案，工作保證會一帆風順。

她服務的公司專門進口高級家具和門窗，顧客幾乎都是有錢人和上市公司。她成功引導出顧客的需求，提供更勝於顧客預期的企劃案。她在調職之後深受顧客的喜愛，那些顧客又替她介紹了新的客人，才短短幾個月，她就達成一整年的業績目標了。

這個結果連她自己也很訝異，從此她變得更信賴自己的價值。如今，她是業務部門的王牌，也獲得了更有挑戰性的工作。而且她不再膽怯，反倒更積極地去處理那些工作。

敏感的人擅長傾聽

敏感的人也很擅長傾聽別人說話。

以前我曾經監修過一本名為《心理諮詢師教你「傾聽」的技術》的書。書中提到，傾聽是建立信賴關係的關鍵。

為了取得信賴，很多人都把心力放在如何提升口才。事實上，人們只會對接納、理解自己的人敞開心房。

所以我們大可不必表示意見，只要在傾聽的過程中適度給予對方一些回應，表現出你理解他的心情和意願，理清談話的內容，對方自然就會吐露出真心話了。

當你提出對方沒想到的好點子，例如在工作上指點迷津，他就會對你表示感激，把你當成知音。

看到這裡，應該有很多人會發現，其實這不就是自己平常一直在做的事情嗎？通常敏感的人擅於察覺他人的心情，具有讓對方暢所欲言的才能。

過去敏感的特質害你感覺一直在看人臉色，不過那是因為你迷失自己，才沒有好好發揮自己的強項。

利用傾聽建立信賴關係

高敏感人很適合為人提供心理諮詢服務，我也常跟那些來求診的人說，他們比較適合當提供諮詢的人。

比方說，心理諮詢師、教練、顧問等等，這些替人排憂解難的職業，特別講究和客戶建立彼此信賴的關係。

然而，再美好的意見若是出自沒有信賴關係的人口中，也打動不了聽者的心。因此，首要之務是先建立彼此的信賴關係。這時候最需要的，就是高敏感人最擅長的傾聽才能。

有了信賴關係，對方才會覺得我們跟他站在同一陣線，進而放心地訴說平常不會對外人說的事情。同時，也會積極採用我們提供的方案。

時常有不少高敏感的人，在諮詢過程中順利引導出我想說的話。有好幾次我都覺得，明明我才是諮詢師，怎麼好像彼此的立場顛倒過來，反而是我變得暢所欲言了。

如果你對接觸人心的工作有興趣，心理諮詢師也是你可以考慮的職業。

我再重申一次，高敏感人要先掌握自我本位的生活方式，才有辦法活用這個了不起的才能。倘若你還是以他人本位的方式思考，那就會變成義務和犧牲，甚至讓自己感到很疲倦。

轉變成自我本位以後，先調整好自己的身心狀態，好好地面對自己的心情，就能開始思考如何給予了。

提高自我肯定感的第六步

高敏感是發展人際關係時的一大優勢，請寫出下列問題的答案，活出自我的風采吧。

1 朋友、前輩、上司的請求是否讓你感到困擾？
你以前有什麼感到困擾的經歷？
請回想那些往事，在心中默唸：「我是我，你是你。」

2 請寫出你還不敢拒絕的邀約或要求，
鼓起勇氣拒絕吧。

3 現在試著向別人說出你的煩惱，勇於尋求協助吧。
例如：工作處理不完、回覆電子郵件太慢、不擅長製作簡報資料等等。任何事情都沒關係，請找人商量吧。

DAY 7

做自己真正想做的事，活出精采的人生

你真正想做的事
是什麼呢？

1 該怎麼做才能活出真正的自我？

問問自己到底想做些什麼

當你掌握了自我本位的生活方式後，內心應該會開始產生一個疑問：「我到底想做什麼？」

現在你已經學會重視當下的自我（第一日），也回顧過去的經歷了（第二日到第三日）。你學到提升自我肯定感的具體方法（第四日），也懂得運用自我本位，掌握與人相處的距離感（第五日）。你成功轉化敏感的強項，能以自己為主體發展人際關係了（第六日）。

當你擁有明確的自我之後，接下來，你應該要做的是「自我實現」。

做自己真正喜歡的事情，才算活出自我

所謂的活出自我，是指從事自己真正喜歡的事情。你必須運用自我本位的思維，想出自己真正喜歡做的事情，而不是從他人本位的思維去進行思考。

從事自己真正想做的事情，人才能活出最真實的自我，那是毫不矯揉造作的自然姿態。

當你以他人本位的方式生活，你只是在扮演大家喜歡的角色，壓抑、隱瞞真實的自我。不過，當你以自我本位的方式生活、學習肯定自我，你就會表現出自己最真實的面貌。

有時候會被打回敏感的本性

只不過，以提高自我肯定感、掌握自我本位的方式生活，並不代表你的人生從此就不會出問題。你有可能會跟戀人分手，或是和朋友吵架，甚至被信賴的客戶斷絕生意往來。受傷或生病，更是在所難免的事情。

做自己喜歡的事情，也必須承受被周遭批判的風險。這時，你可能又會陷入自責的情緒中。即使轉換成自我本位的生活方式，你還是有可能遭受打擊，變回過於敏感的自己。

第七日我要告訴各位，在快要被打回原形時該注意什麼，以及該用什麼樣的觀念，來維持自我本位的思維，持續維持高度的自我肯定感。

2 人際關係出問題時，該怎麼辦？

人際關係出問題，代表你活出自我

從他人本位轉換成自我本位的時候，有不少人會經歷失去朋友，或是職場人際關係變差的情況。

迎合別人而建立起來的人際關係，在你放棄迎合別人的那一刻就無法成立了。過去你一直以朋友為優先，你跟對方才有辦法當朋友。現在你開始表達自己的意志，那麼你們的關係變得疏遠也是必然的。

在這個找回自我的過程中，你的變化越劇烈，人際關係也就越容易發生問題。例如：你可能會想辭去工作、和戀人分手、重塑人際關係，或是搬到新的環境等等。

可是請不用擔心，雖然找回自我會讓某些人離你而去，但是真正瞭解你個人價值和魅力的朋友，會為你的變化感到高興，繼續當你的朋友。真正的好朋友是不會離開你的，這個道理也適用在工作和情場上。

從他人本位轉換成自我本位的過程中，你不只會發現自己真正想做的事，也會發現誰才是你最重要的人。

擁有被討厭的勇氣

我有一位客戶，曾經對我說：「提高自我肯定感後，我開始認同最真實的自己，不但待人處事有了明確的感情界限，就連別人的情緒變化也不會影響到我了。我明白有時候被討厭也是無可奈何的事，我們得先珍惜自己才能對別人溫柔，所以我開始把自己的快樂擺在第一位了。畢竟自己的意見也跟別人的意見一樣重要嘛，說出自己想說的事情也沒什麼大不了，至於別人要怎麼想就隨便他了。」

擁有被討厭的勇氣

像我這位客戶一樣，擁有「被討厭也無可奈何」的思維，非常重要。

從他人本位轉換成自我本位的過程中，人際關係一定會產生變化。有些人會擔心自己惹人厭，成天想要討好別人，又變回以他人為本的方式生活。

這份不安是你故態復萌的警訊，這時你要告訴自己，被討厭也是無可奈何的事，這是掌握自我本位的必要犧牲。

也就是說，你必須要有「被討厭的勇氣」。

3 所有問題都是自導自演

以自我本位的方式生活也會引發問題

誠如前文所述，就算你以自我本位的方式做出判斷和行動，也不代表你的人生從今而後就會一帆風順。

不管你用自我本位或他人本位生活，人生都會遭遇問題。

那麼，這兩者之間又有何不同呢？

以自我本位生活的人遇到問題，不會過度恐慌迷失自我，也不會感覺只剩自己一個人孤軍奮戰，最後被不安和恐懼擊潰。

遇到問題就當成是活出自我的必要過程

當你以自我本位的方式生活，即使遇到問題也能正面看待，你會認為這是幫助自己成長的必要過程。

我常說：「所有的問題都是自導自演。」所謂的問題，是當事人察覺到異狀之後所創造出來的東西，好讓自己活出更強烈的個人風采。

我在諮詢時也會告訴客戶，那些問題其實是一種訊息，用意是要他們活出自我、做自己真正想做的事情。

現在的你已經提升自我肯定感了，照理說，你也能認同有問題的自己。當問題發生時，不要急著否定惹出問題的自己，而是要溫柔地安慰自己，撫平自己心中的不安與慌亂。

然後你要告訴自己，那是要你活出自我的訊息，也是活出個人風采的必要過程，如此一來，你才能保持高度的自我肯定感。

如果發生問題……

利用反思來提高自我肯定感

我在前面也提過，當你提升自我肯定感，掌握了自我本位的思維以後，就會產生「自己究竟想做什麼」的疑問。

在發生各種變化的過程中，你一定會經歷差點被打回原形的時候。這時請你反問自己，什麼才是自己真正想做的事？

我也不斷地問自己這個問題，而我想寫作和旅行的心意始終沒有改變，於是這些問題又引導出其他的願望。例如：我想住在海邊，或是舉辦更棒的座談會等等。

當你猶豫不決或失去自信的時候，這個問題可以帶給你前進的動力。

你真正想做的事情，到底是什麼呢？

4 萬一你覺得自己還是沒有改變

注意自己內在的變化

在改變自己的過程中，你一定會產生兩種念頭：一個是自己好像完全沒有改變，另一個則是自己似乎又故態復萌了。

我在第四日的階段也有提到，高敏感人總是非常在意自己辦不到的事情，他們在意自己的缺點更勝優點。

因此，就算自我肯定感慢慢地提升了，思維從他人本位轉換成自我本位，高敏感人也會覺得自己一點改變也沒有。

這些內在的變化，要是跟體重一樣能用數字量化表示就好了。可惜，內在變化是主觀認定的，實際上不太容易察覺得出來。

尤其敏感人多半生性謙虛，他們會嚴格看待自己的變化，認為小小的改變稱不上真正的進步。

稱讚自己的小小改變，自我肯定感會大幅提升

自我改變最重要的，是以過去的自己和現在的自己做比較，從中找出細微的成長。

也就是說，你必須用進步與否的角度來比較自己的過去與現在。也許乍看之下毫無變化，但是用這種方式反思你會發現，自己過去不敢向上司表達意見，現在稍微進步了；或者，你以前總是看別人的臉色、擔心別人對你的看法，現在也不會太在意了。

你要讚美這些良好的變化，為自己增進信心。用這種方法可以大幅提升自我肯定感，請各位務必學起來。

走三步退兩步

那麼我們該如何發現自己的變化，並且給予認可呢？我在提供心理諮詢服務的時候，某位女性前來參加我的座談會和心理諮詢。

她說：「這半年來，我很努力改變自己。您說要認同自我、正視心靈我都照做了，也多虧這些努力，我開始懂得表達自己的意願。但是前幾天，我跟上司面談時被點出缺失，害我的心情變得相當低落。當時我很自責，認為過去的一切努力都是枉然！我討厭自己這麼消沉，感覺自己又故態復萌了。」

有一句俗話說：「走三步退兩步。」人的變化並非直線前進，時好時壞也是在所難免的，而且這樣的變化會一直重複下去。

我問那位女性：「我知道妳現在很消沉，但是可以請妳列舉一下，自己有哪些地方改變了嗎？」

我們只要用這樣的方式，多注視自己變化的地方就好。其實你會認為自己故態復萌，代表你的確感覺到自己這陣子有所改變。

正因為有變化，你才會感覺自己退步，你的內心很清楚自己改變了。

那位女性沉思後回答：「之前的我，大概不會告訴別人我很失落吧。我只會一味自責，挑自己的毛病，敢說出心裡話也算是一種變化吧。」

「況且跟以前比起來，心情低落的狀況也比較輕微了。幾年前，我被上司責備以後，哭到隔天都爬不起來呢，不過這一次卻沒有那麼嚴重。啊！那我果然還是有改變嘛，我怎麼到現在才想通呢？」

人生就像在爬螺旋階梯

心理學中，有個關於心理變化的說法。

「當我們爬上螺旋階梯，從上往下看，你會以為自己還是在原來的地方，但從旁邊看會發現我們確實有在往上爬。心理上的變化也是如此，當你覺得自己沒有變化或故態復萌，事實上，你早已經往上爬一大圈了。」

當你認為自己退步的時候，就請想起這個說法吧。

人生就像在爬螺旋階梯

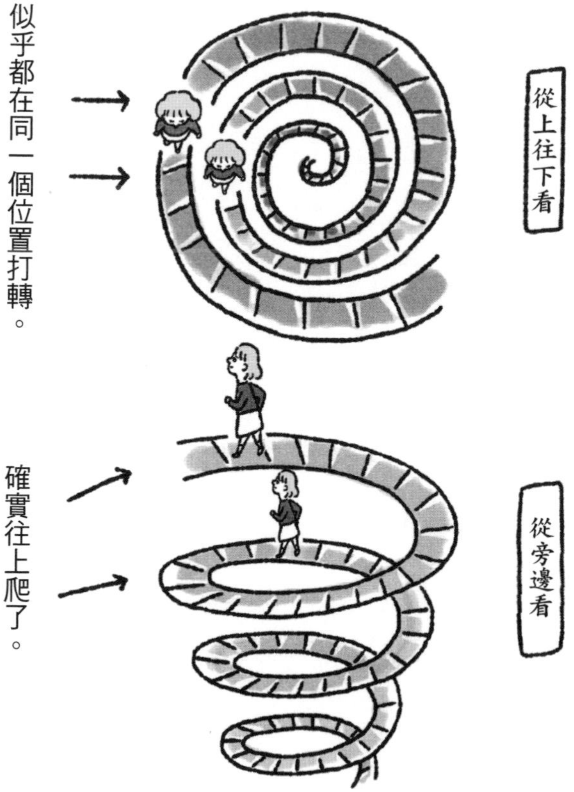
似乎都在同一個位置打轉。
從上往下看
確實往上爬了。
從旁邊看

我們永遠都在成長，請找出自己的變化、承認自己的變化，持續提高自我肯定感，你就會更喜歡自己，對自己更有信心了。

總有一天你會發現，跟過去高敏感、容易受傷的時候相比，自己已經活得更加輕鬆自在了。

提高自我肯定感的第七步

終於來到最後一天，你已經成功地提升自我肯定感了，未來你想實現什麼願望呢？

請仔細觀察自己最真實的想法吧。

1 你真正想做的事情是什麼？
不必計較心願的大小，反正這也不是要寫給別人看的，
請老實寫下自己真正想做的事吧。

2 讀完這本書，你有什麼變化呢？
即使是再小的變化也無所謂，請寫出心中的變化，
給予自己鼓勵吧。

結語
然後呢……？第八日以後的生活方式

感謝你閱讀本書到最後。

可能有些人會覺得這七日以來變化很大，也可能有人會認為自己變化甚微，說不定還有人根本感覺不到任何變化。

重點是，從明天開始你要怎麼過日子。

既然你閱讀到了最後，想必心中一定會產生某些變化。首先，請正視那個小小的變化，慢慢地提升自我肯定感，就好像每天細心灌溉植物一樣。

話雖如此，其實也不用做什麼特別的事情，只要一點一滴持續下去就好。看看那些成功改變自我、並且過著充實人生的人，他們都有一個共通點，那就是：「每天持續做些簡單的努力」。

假如你能重視自己彷彿每天早上細心照料花朵一般，那麼你一定能度過充實的人生。透過以往的座談會和心理諮詢，我看過很多成功改變的人。

比方說，有一個Y客戶的案例，他很積極地去實踐第一日的指導內容，也就是客觀審視當下的自我。

這位Y客戶在面對上司、伴侶、乃至不喜歡的對象時，都會自動扮演一個好人或乖寶寶。

為了客觀審視這樣的自己，他寫下了這樣的感想：

- 啊、我又在看別人臉色了！
- 想想自己！多想想自己！
- 別人的心情關我什麼事啊！
- 嘖、不要再看別人臉色了啦！
- 我比較重要，我比較重要。

他會寫出自己的狀況，並且在心裡偷偷地吐嘈自己。以這種客觀的角度持續審視自己，過了一陣子之後，他開始瞭解自己的感受，以及明白自己真正想做的事情。

另一位總是受制於人的O客戶，則是每天不斷地提醒自己：「我是我，別人是別人。」

大家可能很懷疑，只講這句話就能產生效果嗎？

是的，光講這句話就很有效果了。

這位O客戶不但成功地劃清了自己與他人的界線，拒絕別人的請求時，也不會再背負著罪惡感了。

有一次，我的某位客戶下定決心要接受自己的所有面貌，再也不要自責，無論發生任何事情，他都必須勇敢地接納自己。

後來我再遇到他時，不但他整個人的氛圍變得很柔和，他還說自己心中有一種如釋重負的感覺。

提升自我肯定感，說穿了就等同是在瞭解自己。今後，我們都還是有可能會被別人影響，或是經歷受到傷害而感到情緒低落的時刻。

擁有高度自我肯定感、勇於活出自我的人，即使在待人處事中受到傷害而感到失落，也會更加瞭解自己，持續勇敢向前邁進。

提升自我肯定感的七日練習到此結束了，希望經過這七日的訓練能夠幫助你成功活出自我。

當你感覺快要迷失自我的時候，歡迎隨時回來重新複習七日練習。

最後，我要感謝出版社出版願意這本關於自我肯定感和自我本位的書籍，讓我有機會和各位分享一直以來想寫的主題。我還要感謝一直支持我的老婆和孩子，以及各位工作同仁、來聽座談會的人，以及讀者們，真的非常謝謝你們。

NOTE

/ / /

HEART
心|視野 心視野系列 033

高敏感卻不受傷的七日練習

強化心理韌性，做個對外圓融溫柔，內在強大堅定的人

原書名：敏感すぎるあなたが7日間で自己肯定感をあげる方法

作　　者　根本裕幸（Hiroyuki Nemoto）
譯　　者　葉廷昭
總 編 輯　何玉美
編　　輯　簡孟羽
封面設計　張天薪
內文版型　顏麟驊

出版發行　采實文化事業股份有限公司
行銷企劃　陳佩宜・黃于庭・馮羿勳
業務發行　林詩富・吳淑華・林坤蓉・張世明・林踏欣
會計行政　王雅蕙・李韶婉
法律顧問　第一國際法律事務所　余淑杏律師
電子信箱　acme@acmebook.com.tw
采實官網　http://www.acmestore.com.tw
采實粉絲團　http://www.facebook.com/acmebook

I S B N　978-957-8950-37-5
定　　價　300 元
初版一刷　2018 年 6 月
劃撥帳號　50148859
劃撥戶名　采實文化事業股份有限公司
104台北市中山區建國北路二段92號9樓
電話：(02)2518-5198
傳真：(02)2518-2098

國家圖書館出版品預行編目(CIP)資料

高敏感卻不受傷的七日練習：強化心理韌性，做個對外圓融溫柔，內在強大堅定的人 / 根本裕幸作；葉廷昭譯. -- 初版. -- 臺北市：采實文化，2018.06
面；　公分. --（心視野系列；33）
譯自：敏感すぎるあなたが7日間で自己肯定感をあげる方法

ISBN 978-957-8950-37-5（平裝）

1.自我肯定　2.生活指導

177.2　　　107006291

采實出版集團
ACME PUBLISHING GROUP